KB274827

Reflections on Chief Managers

경영자를 위한 변명

프런티어

경영자를 위한 변명

지은이 | 권영설
펴낸이 | 김경태
편집인 | 박윤조
펴낸곳 | 프런티어

제1판 1쇄 인쇄 | 2011년 1월 5일
제1판 1쇄 발행 | 2011년 1월 15일

등록 | 1967년 5월 15일(제2-315호)
주소 | 서울특별시 중구 중림동 441
전화 | (02)3604-580(기획출판팀)
        (02)3604-561~2(영업마케팅팀)
팩스 | (02)3604-599
전자우편 | hkfrontier@naver.com

ISBN 978-89-475-2785-9 03320

Reflections on Chief Managers

경영자를 위한 변명

권영설 지음

프런티어

글로벌 CEO를 기다리며

당신의 길을 걸어라

인생을 사는 방식은 여러 가지다. 행복의 조건은 사람마다 다르다. 예전에는 정말 그랬다. 태어난 그곳에서 각자 방식대로 행복을 느끼며 지냈다. 지금 조금 부족하면 나중에 행복해질 거란 희망으로 살면 됐다. 정보가 부족한 사람들이 어쩌면 더 행복했을지도 모른다. 유목민으로 동토의 땅 툰드라에 살면서 저 멀리 도시가 있었다는 걸 몰랐다면, 순록을 몰고 이끼를 찾아다니며 순록가죽으로 만든 옷을 입고 텐트에서 잠을 자는 것이 고단한 삶이란 것을 생각지도 못했을 것이다. 정보가 넘쳐나면서 비교를 하게 되고, 남들과 최소한 비슷하게는 살고 싶은 신세대들이 늘어나면서 이전까지 아무 문제 없이 살던 사람들이 행복과 불행의 기준을 다시 생각하게 되는 건 아닐까. 아리스토텔레스의 말대로 어쩌면 모든 불행은 비교에서 시작되는지도 모르겠다.

현대인의 삶은 대부분 직장인생이다. 크건 작건 어느 조직에 소속돼 하루하루를 보낸다. 대기업이건 공공부문이건 개인사업이건 혼자 하는 일보다 모여서 하는 일이 늘어난 것이 바로 현대의 특징이다. 혼자가 아니기 때문에 남들과 부대끼고 그 과정에서 자연히 비교하는 삶을 산다. 그래서 현대인의 삶은 어쩌면 불행의 연속일지도 모르겠다.

회사를 보자. 어떤 사람은 능력을 인정받아 일을 쌓아두고 산다. 매일 힘들어 죽겠단다. 그런데 그 사람만 힘들까. 그 사람 옆에 있는 다른 사람을 보자. 이 사람도 죽을 지경이다. 인정을 못 받아서 죽겠고, 잘나가는 사람 뒤치다꺼리 하느라 자존심 상해 죽겠고, 이 조직을 나가면 어떻게 살까 걱정돼서 죽겠단다. 회사나 조직 사회에서 매일 행복한 얼굴을 하고 지내는 사람이 왜 이리 적을까. 모든 것이 비교하기 때문에 생기는 일이다. 정보가 온전히 노출되는 이 비교의 시대를 살아가자면 별수 없는 일이다. 그래서 오히려 예전보다 수양修養이 더 필요하고 끊임없는 자기 성찰이 점점 중요해진다. 특히 직장사회 혹은 조직의 리더인 경영자가 되기 위해서 이런 노력은 피할 수 없는 과제이기도 하다. 사람들 모두 우거지상을 하고 있어도 리더야 어찌 그럴 수 있는가. 누가 뭐라 해도 한 조직의 장은 그 조직원 모두의 역할 모델이다. 밝은 얼굴, 맑은 눈빛, 여유있는 행동을 보여야 한다. 현실적인 고통이 있을 때도 그래야 한다. 겉과 속이 달라야 할 때도 많다. 이런 짐을 떠안고 살아야 하는 것이 경영자다. 리더란 자리는 그렇게 고독한 것이다.

경제신문 기자로 일하면서 나는 여러 가지 계기로 직장생활에 관한 글을 많이 써왔다. 신입사원을 위한 조언부터 중간관리자 그리고 간부들에 관한 얘기를 했고, 특히 경영자를 위한 칼럼을 적지 않게 썼다. 그렇다고 내가 다양한 경력을 가진 것도 아니다. 실제로 보면 직장경험은 오로지 한국경제신문 한 회사다. 중간에 계열사로 적을 옮긴 적은 있지만 신문사에서만 20년 일했고 그것 말고는 전부 간접경험이다. 그런데 그 경력이 오히려 이런 글을 쓰는 데는 도움이 됐다. 이 업종 저 업종, 이 회사 저 회사, 이 부처 저 부처를 취재하다 보니 공통점이 보이고 차이점이 눈에 띄었다. 각 회사나 조직의 편차가 심해 한 업종의 시행착오가 다른 업종에도 그대로 나타나고 한 회사의 작은 성공경험이 다른 회사에선 미래를 걸 만한 핵심 비즈니스모델이 되는 것도 목격했다. 기자라는 직업 자체가 업종과 조직을 넘나드는 성공과 실패의 방정식을 찾아내는 데는 아주 유리했던 셈이다.

분명한 것은 이 업종 저 업종, 이 회사 저 회사 둘러봤더니 성공과 실패, 행복과 불행의 패턴이 별다른 것이 없더라는 사실이다. 이 업종에서 보면 다른 업종은 성장 가능성이 높아 보이고, 이 회사에서 보면 다른 회사가 훨씬 창의적인 것 같아 보이지만, 아주 유별난 몇 회사를 빼고는 수준이 비슷하다. 모두들 고만고만한 사람들이 자기 인생의 어떤 계기에 지금의 그 조직과 인연이 닿아 근무하고 있을 뿐이다.

제3자의 눈에 비슷비슷해 보이는데 그 속에 몸담고 있는 사람들 사이에는 행복과 불행, 성공과 실패가 왜 교차하는 것일까. 그 답은 결국 그 사람 자신에게 있는 것이다. 스스로 남과 비교하는 삶을 살 것이냐, 아니면 자기의 길을 걸을 것이냐가 모든 것을 결정한다. 이왕이면 우리는 행복한 삶을 살고 싶고, 더 성공하고 싶다. 그렇다면 그 답은 이미 정해져 있다. 남과 비교하는 길을 가는 것이 아니라 나의 길을 가는 것이다. 이것이 복잡한 현대생활에서 나의 행복과 불행을 가르는 결정적인 변수다.

혼자 살라는 얘기가 아니다. 현대인에게 조직생활은 피할 수 없는 운명이다. 모여서 살되 그 안에서 자기 자신을 잃지 않는 것이 중요하다. 자기 자신에게 충실하면서 이왕이면 회사라는 큰 조직을 통해 자신의 꿈과 비전을 실천하려고 노력하는 자세가 있어야 한다. 그래야 멋진 인생을 살 수 있고 그렇게 사는 모든 사람은 자기 인생의 경영자요, 사람들의 리더요, 한 조직의 최고경영자CEO가 될 수 있는 것이다.

안타깝게도 인생은 짧아서 회사생활을 시작하면서 첫출근할 때가 엊그제같은데 갑자기 정년을 맞는다는 사람이 너무나 많다. 20~30년 정도면 이것저것 다 하기에 충분한 세월인 것 같지만 사실은 너무나 짧아서 처음에 하려고 했던 몇 가지도 제대로 못 이루는 경우가 대부분이다. 그러니 회사생활을 처음 시작하면서 생각했던 그것을 실천하는 것만으로도 회사인생은 행복해질 수 있다.

회사생활을 처음 시작하면서 또는 창업을 하면서 당신이 처음 생각했던 것은 무엇인가. 그것을 찾아 다시 실천하는 것만으로도 당신은 행복해질 수 있다.

그런데 결론부터 얘기하면 회사생활을 처음 시작하면서 누구나 가져야 할 것은 그 조직의 장長이 되겠다는 비전이다. 군대에 가면 장군이 될 생각을 해야 하고, 공직에 가면 장관이 될 생각을 해야 하며, 회사에 오면 사장을 하겠다고 생각해야 한다. 그렇지 않으면 그 조직에 들어갈 이유가 없는 것이다. 그 조직이 하는 일이 마음에 든다면 정말 그 일을 제대로 하기 위해서 장이 돼야 한다. 그 조직이 하는 일에 부족한 점이 느껴진다면 자기 뜻대로 그 조직을 바꾸기 위해서 장이 돼야 한다. 그것이 회사인생을 사는 회사원들의 자아실현이다.

회사에 처음 들어오면서 이렇게 생각하는 사람이 있을까?

"나는 이 조직에서 중간쯤만 할 거야. 너무 빨리 올라가면 빨리 쫓겨날 거고, 너무 늦게 올라가면 무능하다는 소리를 듣겠지. 중간쯤에 앉아서 위험스러운 일은 피하고, 정년퇴직할 때까지 그냥 즐겁게 살 거야. 잘난 놈들이 앞장설 거고, 못난 놈들이 뒤처지겠지. 나는 그 가운데서 나만의 행복을 찾을 거야."

이런 사람은 거의 없다. 열심히 하다가 안 돼서 포기하는 경우는 많지만, 사람이라면 누구나 오늘보다는 내일이 더 나을 것이라는 희망으로 산다. 그리고 이왕이면 내가 몸담고 있는 조직에서 가장 높은 사람, 또는 가장 중요한 사람이 되고 싶어한다. 그래서 내가 원하는 대로, 꿈꾸는 대로 회사를 만들고 싶어하게 돼 있다. 그것이 조직의 구성원이 되기로 한 사람들이 가져야 할 기본적인 덕목인 것이다. 그렇게 '기본'이 돼 있는 사람이 많아져야 그 조직이 건강하다.

이 책을 읽는 당신은 세 사람 중의 한 사람일 것이다. 경영자, 혹은 경영자가 될 사람, 그리고 경영자가 되고 싶은 사람. 당신과 애기를 나누게 돼 기쁘다.

많은 경영자를 만나면서 나는 우리 사회의 많은 사람들이 경영자에 대해 묘한 선입견을 갖고 있다는 것을 알게 됐다. 경영이라는 것이 아주 특별한 기술이요, 그래서 경영자 혹은 사장들이 아주 특별한 사람이라고 생각하는 경향이 있다는 얘기다. 그래서 실제 이미 사장을 하고 있으면서도 자신이 '그냥 회사생활을 하다 보니 밀려서' 그 자리에 있게 됐지만 '실제로는 어울리지 않는다'는 식으로 말하는 사람까지 있다. 그러나 이건 너무 지나친 자기비하다. 지금 그 자리에 있다면 다 그만한 이유가 있다. 그러니 이미 당신이 경영하는 위치에 있다면 자신감을 갖고 일하는 게 중요하다.

한걸음 더 나아가 이런 자세를 갖추려 노력하는 건 어떨까. 이왕 경영자의 자리에 올랐으니 내가 처음 이 회사에 들어올 때의 초심으로 돌아가 정말 좋은 회사를 만들어보겠다고 다짐하는 식 말이다. 그런 사람들이 넘쳐날 때 우리 사회는 스스로 책임지고 스스로 결정하고 먼 미래까지 생각하는 진정한 경영자들의 나라가 될 것이다. 나는 나 스스로도 그렇게 되는 것, 또 그런 사람들이 많이 나타나게 하는 것을 스스로의 사명으로 생각하고 있다.

고수의 실력, 군자의 풍모, 글로벌 감각

현대는 경제 중심 사회다. 점점 더 그렇게 되겠지만 이미 기업의 리더들이 역할 모델이 되고 있다. 국내에서는 여전히 반反기업 정서 때문에 대기업 회장을 부럽기는 하되 존경하거나 배워야 할 대상으로 생각지 않는 경향이 있지만 스티브 잡스, 잭 웰치, 빌 게이츠, 워런 버핏 등 세계적인 기업인의 이름은 연일 신문에 오른다. 그러므로 우리 시대 한국의 경영자라면 자기 자신이 이런 사람들과 어깨를 나란히 하고 세계인들의 입에 오르겠다는 각오 정도는 해줘야 옳다. 현실적으로 당대에 그것이 어렵다면 먼 나중에라도 우리 후배 경영자들이 세계적인 CEO로 자랄 수 있는 풍토를 만들어주겠다고 다짐해야 맞다.

세계에서 가장 가난한 나라에서 반세기도 안 돼 선진국 근처까지 성장한 우리의 과거 발전사를 보면 이런 나의 말이 허튼소리가 아님을 알 수 있을 것이다. 지금 당장은 안 되더라도 다음 세대에서는 그런 영광을 누릴 수 있게 만들겠다고 다짐하는 경영자는 일개 회사나 조직의 수장을 넘어 글로벌 리더로 업그레이드될 수 있는 것이다. 그러기 위해서 경영자들은 끊임없이 자기 자신을 채찍질하고 스스로를 수양해야 한다. 그렇게 할 때 그에게서는 고수다운 멋이 번져나오고 군자^{君子}다운 풍모가 풍겨나온다.

나는 이 책을 통해 고수의 실력과 군자의 윤리관, 그리고 글로벌 감각 등 세 가지를 갖춘 새로운 경영자 상을 제시하고자 한다. 여러 조직과 회사의 경영자들을 만나면서 나는 이 세 가지 덕목이야말로 대한민국 경영자들이 갖춰야 할 필수요건이라고 결론을 내리게 됐다. 한 가지만으로도 경영자는 될 수 있지만 이왕이면 뛰어난 실력을 갖춰야 하고, 뜻이 올바라야 하며, 세상을 상대로 한 포부를 길러야 경제 중심 사회의 리더로 우뚝 설 수 있다.

그런 리더가 되기 위한 조건 몇 가지만 나열해 본다.

우선, 목표가 원대해야 한다. 리더가 보통사람하고 다른 점은 역사의식에 있다. 지금 자기가 하는 일이 누군가의 미래와 연관돼 있다고 생각하는 사람이 역사의식이 있는 사람이다. 지금 자신이 한 일이 그대로 사라지는 것이 아니라 누군가가 그 뒤를 잇는다고 생각하는 사람이 하는 일은 그 품격이 다르게 돼 있다. 당연히 비윤리적인 일, 세상의 손가락질을 받는 일이 아니라 의미있는 일, 세상에 도움이 되는 일을 하는 것이다. 이 회사를 통해, 이 조직을 통해 세상에 어떤 도움을 줄 것이냐가 중요하다. 그러기 위해 갖춰야 할 버릇이 있다. 이왕이면 많은 사람이 혜택을 볼 수 있는 아이디어, 이왕이면 미래를 걱정하는 시각을 항상 견지해야 한다. ‘나의 과거’가 아니라 ‘인류의 미래’를 얘기할 줄 알아야 한다는 것이다. 그 정도는 안 돼도 우리 부서가 지금 부딪히고 있는 문제가 아니라 우리 회사가 3년 뒤에 겪게 될 일을 미리 걱정할 정도는 돼야 한다. 그래야 목표가 점점 커지고 미래 지향적이 된다. 과거를 얘기하는 사람은 부서장은 될지 몰라도 저 먼 길을 제시하는 리더는 될 수 없다.

두 번째로는, 문제해결 능력을 많이 길러야 한다. 현대인은 일로 만나기 때문에 일에 있어서 고수가 되지 않으면 부하나 파트너들로부터 신뢰를 받기 어렵다. 특히 비즈니스 계통이라면 더욱 그렇다. '큰 결정만 내리는 사장'이 최고라고 하지만 그 사장 역시 이미 모든 디테일을 꿰뚫고 실무를 잘 알아야 큰 결정을 제대로 내릴 수 있는 것이다. 그러니 CEO를 지향하는 사람에게 최고의 단련법은 이곳저곳 뒹굴며 다양한 문제를 접하는 것이다. 해외 오지에도 나갈 수 있어야 하고, 탈락이 뻔한 공개입찰에도 뛰어들어야 하며, '폼' 안 나고 힘든 을乙의 일도 나서서 해야 한다. 그 과정에서 누구도 경험하지 못한 다양한 케이스를 만나게 되고 그것을 수습하려고 노력하는 과정에서 문제해결 능력이 길러진다. 새로운 일에 노출되는 것을 두려워한다면 한 분야만 파는 전문가의 길을 걷는 게 차라리 낫다. 한 조직의 리더가 되고 세계적인 CEO가 되려면 그런 자세는 버려야 한다. '무엇이든 할 수 있다' '어떤 문제든 내게 맡겨라' 하는 열린 자세를 갖자. 그렇게 되면 매일매일이 새로운 도전의 연속이 될 것이다.

이와 함께, 이왕이면 좁은 시장이 아니라 세계를 상대로 비즈니스를 해야 한다고 강조하고 싶다. 기업에 몸담고 있는 경영자라면 이미 포화된 내수시장뿐만 아니라 계속 세계시장을 상대로 한 비즈니스를 고려해야 한다. 아직 작은 회사라면 직원들이 우리 지역, 우리 도시, 우리 나라를 상대로 열심히 뛸 때 경영자는 아시아의 신흥시장을 연구해야 한다. 더 나아가 FTA(자유무역협정) 논의를 벌이고 있는 나라를 살펴며 과연 우리 회사에는 어떤 기회가 올까를 생각할 수 있어야 한다. 해외 전시회, 해외 세미나 등 동향에도 관심을 갖고 진정한 글로벌 경영자가 될 각오를 해야 한다. 이것이 지난 50년 후진국에서 개발도상국으로 성장한 뒤 선진국으로 새롭게 도약해야 하는 대한민국에 사는 경영자가 반드시 가져야 할 정신자세다. 너무 당연하지만 이 과정에서 한국의 CEO들은 자신의 영어실력을 반드시 업그레이드 해야 한다. 직접 협상도 해야 하고, 프레젠테이션도 해야 하고, 외국 경영자들도 사귀어야 하기 때문이다. 연설은 기본이고 말이다. 비즈니스 모델을 만들고 다듬는 데 영어의 중요성이 그만큼 크다는 것이다. 경영자인 당신이 영어에 자신감을 가져야 회사에도 그런 분위기가 조성될 수 있다.

마지막으로는 자신의 일과 직원들, 그리고 회사생활을 하면서 만나게 되는 모든 사람들과 정서적인 끈을 맺는 매력적인 사람이 돼야 한다. 생각해 보라. 우리가 혼자 일하지 않고 회사에 다니는 것은 혼자 일할 때보다 더 크고 원대한 일을 벌이기 위해서다. 그 과정에서 우리는 수많은 사람을 만난다. 직원들로 시작해서 고객, 파트너 등과 날마다 접한다. 그 과정에서 당신은 어떤 사람으로 기억될 것인가. 그것이 중요하다. 믿을 만한 사람, 매력적인 사람, 다시 보고 싶은 사람, 대단한 사람, 똑똑한 사람…… 어느 것이라도 상관없다. 경영자인 당신이 있어 회사가 더 유명해지고, 브랜드 가치를 인정받고, 신뢰받을 수 있다면 얼마나 좋겠는가. 그것이 당신이 경영자로서 사람들을 만날 때 더욱 조심해야 하는 이유다. 위축된 채 예의를 차리라는 얘기가 아니다. 이왕이면 좀 더 정서적으로 주위 사람들과 관계를 맺으라는 말이다. 사람들은 이제 기술이나 재능 못지않게 인간미에 많은 관심을 갖는다. 매력적인 사람이 되는 첩경은 사실은 스스로의 인격수양에 있다. 경영자들이 더 높은 자리로 올라가면 갈수록 스스로를 경계하는 옛 선비들로부터 배워야 할 덕목이 여기에 있다.

한국의 리더는 정치인, 군인, 학자 등을 넘어 이제 기업부문에서 배출될 시대가 왔다. 실제 기업 출신의 정치 리더들이 나오는 경우도 많겠지만 그보단 기업부문이 사회를 선도하는 분위기가 형성될 것이라는 얘기다.

우리 후배들이 역할 모델로 삼을 만한 한국의 경영자들이 쏟아져나오는 것을 보고 싶다. 그런 사람들이 더 많아져야 나라는 선진강국이 될 수 있고 세계적으로도 우리가 공헌하는 것이 늘어갈 것이다. 《경영자를 위한 변명》은 이런 경영자들을 더 많이 만나고 싶은 마음에 적어본 한국의 CEO론이다. 사람들이 몰라줘도 화내지 않고, 평가는 뒷날 먼 뒷날 후세들이 해줄 것이라는 생각을 하고 현재에 충실하며 큰 꿈을 꾸는 사람, 그런 사람들이 우리가 만나고 싶은 경영자들이 아닐까.

《경영자를 위한 변명》은 벌써 10년 전에 쓴 나의 책《직장인을 위한 변명》의 후속편이다. 우리 시대의 경영자는 과연 누구이며 그들이 왜 중요한지, 그리고 세상에 필요한 위대한 경영자가 되기 위해서는 무엇을 해야 하는지를 생각해 봤다. 무엇이 옳고 그른지를 밝혀본다는 의미에서 변명辨明이라고 했는데 우리말의 다른 뜻이 있으니 해석은 독자들의 자유에 맡긴다.

모든 것을 다 이루었다고 은퇴를 준비하기 쉬운 우리 시대의 경영자들에게 한 단계 더 나아가자고 제안하는 주장을 담았다. 실제 CEO들의 애환도 적어봤다. 당신과 빗대 생각해 보라. 나는 어떤 사람이 돼야 할 것인가.

세계를 놀라게 할 거대한 비즈니스를 만들겠다는 사람들이 이 책을 읽고 쏟아져나왔으면 하는 바람이다. 경영자라는 험난하지만 위대한 길에 이미 들어선 당신과 함께 떠나는 짧지만 의미 있는 생각여행이 될 것이다. 이제 그 얘기를 시작하자.

제2장 바뀌는 세상, 달라진 성공법칙

제3장 성공 CEO의 조건

Reflections on

우리 시대의 경영자

제1장

남들은 경영자를 부러워한다. 그 자리가 좋아 보여서다. 기업 경영을 통해 무엇을 할 것인가를 깊이 생각하는 경영자에게 경영자라는 위치는 고민이 많은 자리다. 더 나은 것을 이뤄내기 위해 늘 도전해야 하는 만큼 그 부담이 적을 수 없다. 생존과 성공이라는 과제를 이루고 나아가 사회에 어떻게 기여를 할 것인가까지 고민해야 하는 위치에서 경영자는 스스로 고독을 이겨내야 한다. 우리 시대의 경영자, 그들에게 회사생활은 무엇이어야 하나.

갑자기 임원이 되고 보니

그는 30대가 지겨웠다. 스스로를 사랑하지 않아서 그런지 몰라도 그에겐 30대가 악몽이었다. 무엇인가의 부속품이 된다는 건, 아무리 그 조직이 크고 괜찮아도 싫었다. 자기 혼자로는 생각하기조차 어려운, 자기 힘만으로는 해낼 수도 없는 큰일을 해보고 싶었다. 조직의 힘으로, 시스템을 활용해 놀라운 결과를 낳고 싶었다. 그가 이른바 경영이라는 것에 관심을 가졌던 이유는 바로 그것이었다. 혼자서 모든 것을 알아서 해야 하는 솔로 플레이어, 또는 단기필마單騎匹馬로도 나름의 멋은 가질 수 있었을 것이다. 그러나 그런 모양새로는 아무리 최선을 다해도 작은 꿈을 이루는 데 그칠 것만 같았다.

40대에 들면서 사정이 바뀌었다. 작지만 조직의 장長이 됐고 이후엔 다른 일이 벌어졌다. 아무리 작아도 조직은 자신이 세운 비전을 달성하기 위한 단기, 중기, 장기 목표를 가진 팀이요, 부대다. 매일 쓰는 용어부터 달라진다. '나'라는 단어는 점점 사라지고, '우리'가 중요해진다. 부원들의 실력도 중요하지만 팀워크가 더 신경 쓰인다. 한 사람 한 사람 열심히 일하는 것보다 방향을 어떻게 잡을 것이냐가 더욱 중요해진다. 왜? 그만큼 꿈이 커졌기 때문이다. 아무리 작은 조직도 개인이 혼자 일할 때보다는 훨씬 큰 힘을 발휘한다. 작은 조직의 장이 되면서 그의 꿈은 커졌다. 경영의 힘을 믿기 시작했다. 마음으로는 이미 회사의 주인이 됐다. 그는 믿는다. "이 회사는 남의 것이 아니라 나의 것이다. 내가 원하는 만큼 커질 것이고, 내가 사랑하는 만큼 자랄 것이다."

전형적인 한국의 경영자들은 대부분 이런 과정을 거쳐 지금의 자리에 있는 사람들이다. 조용히 소박하게 혼자 일하는 것보다는 이왕이면 회사 시스템을 통해 큰 경쟁에 나서고 큰 목적을 이룰 수 있는 자리에 앉고 싶어해야 주인의식을 가진 경영자가 될 수 있는 것이다. 그들이 솔로 플레이어가 되기를 원했으면 다른 커리어 경로를 택했을 것이다. 문과 성향을 가진 사람이라면 일찌감치 직장을 그만두고 소설가가 됐을지도 모른다. 경쟁을 현대자본주의가 강요하는 인간성 말살 이데올로기라고 생각하는 사람이라면 아마 귀농歸農을 선택했을 수도 있다.

단기필마가 아니라 부하들을 이끄는 조직의 장이 되고 싶다고 해서 모두가 그 목표를 이루는 것은 아니다. 결국 자기 뜻대로 조직을 움직여보는 행운을 갖지 못한 채 회사의 형편에 따라, 경제상황 때문에 옷을 벗는 경우도 많다. 그러니 지금 경영자의 자리에 앉아 있는 당신은 기업의 목적에 잘 맞는 인재요, 행운도 많은 사람이라고 생각해도 좋다.

30대가 불만이었던 당신은 그러나 그 '졸병 시절'의 불만을 계속 간직해야 한다. 리더가 역량을 제대로 발휘하면 그 조직이 더욱 성장할 수 있고, 하루하루 일하는 것이 너무나 행복하며, 회사에 미래를 걸겠다 각오하는 직원들이 늘어날 것이라 믿어온 당신의 생각을 소중히 간직하고 또 더욱 키워가야 옳다. 그것이 경영자로서 당신에게 주어진 책무다. 그리고 그 과정에서 경영 그 자체를 연구하고 고민하고 당신 나름의 방향을 세워야 한다. 이제 당신은 일개 직장인이 아니다.

좋은 경영자가 되는 것, 그리고 착실하게 경영성과를 올리는 것은 쉬운 일이 아니다. 경영 그 자체를 잘하는 능력을 길러야 하고, 예상치 못한 어려움을 슬기롭게 이겨내는 지혜가 있어야 하며, 어려울 때 스스로 포기하지 않은 신념과 자신감이 있어야 한다. 거기다 당신이 지원군이라고 믿고 있는 부하직원들로부터 존경과 사랑, 그 정도는 아니어도 최소한 인정이라도 받을 수 있는 행운까지 따라야 한다. 그래야 조직이 발전하고 해마다 새롭게 성장할 수 있으며 그를 바탕으로 더 큰 꿈과 계획을 세울 수 있다.

이런 고민은 우리 시대의 경영자 또는 간부라면 누구나 갖고 있다. 사정이 좋지 않은 경영자라면 이런 고민조차도 사치스럽게 느낄 정도로 눈앞에 펼쳐진 어려운 상황을 타개하는 것이 경영 이슈일 수도 있고, 반대로 큰 성장을 이룬 경영자는 이보다 좀 더 고차원적인 과제들, 즉 미래와 글로벌 비전을 제대로 세우기 위해 자신만의 명상에 빠져 있을 수도 있다. 그러나 생존이든 미래 비전이든 결국 그 방향성을 자신의 결단으로 잡아야 하는 경영자는 외로울 수밖에 없다.

경영자의 모든 판단은 투기적이다. 모험적인 투자는 당연히 투기에 속하겠지만, 위험을 회피하고자 결정을 보수적으로 내렸고, 결국 지나치게 몸을 사린 탓에 다른 회사들이 기회를 잡았다면 그 역시 실패한 투기다. 그만큼 경영자는 늘 모험 앞에 노출돼 있고, 그래서 항상 공부하고 노력해야 한다. 어떤 경우든 최종 책임을 피할 수는 없다. 그래서 경영자는 본질적으로 외롭게 돼 있다.

기업을 포함한 각종 기관의 중요 간부들을 리더라고 부른 건 그리 오래된 일이 아니다. 그 이전에는 주로 매니저^{manager}, 즉 관리자라고 불렀다. 리더와 관리자는 같은 사람을 지칭할 경우가 많지만 그 의미는 큰 차이가 있다. 간단히 말하면 관리자들이 직원들을 규정과 교육으로 이끌어간다고 하면 리더는 모범으로 선두에 서는 것이 중요하다. 관리자들을 따르지 않으면 징계나 해고 같은 불이익이 오지만, 리더를 따르지 않으면 눈에 띄는 불이익은 별로 없다. 다만 그 리더에게 배울 수 있는 기회를 놓칠 뿐이다. 관리자들을 열심히 좇는 직원들은 회사 규정에 어긋나지 않는 수준을 성취할 뿐이지만, 리더를 잘 따른다면 혼자 배웠다면 절대 오르지 못할 수준까지 실력이나 경영마인드가 높아질 가능성이 크다. 그러니까 경영자인 당신은 직원들이 성장할 수 있도록 자극하는 리더가 돼야 옳다.

리더가 되기 위해서는 갖춰야 할 덕목이 꽤 많다. 특히 리더를 따르는 추종자follower 신분이었다가 인사이동으로 어느 순간 '갑자기' 리더로 바뀌는 우리의 회사 현실에서는 리더는 보통사람보다 훨씬 많은 노력을 해야 한다. 우선 시기적으로 회사의 간부가 되는 순간부터 공적인 것, 역사적인 것을 생각하기 시작해야 하고, 작은 성공에 만족하거나 도취되지 않도록 스스로 수양에 힘써야 하며, 새로운 미래를 선도할 수 있도록 공부도 열심히 해야 한다. 이미 리더의 자리에 있으면서도 스스로의 리더십 역량에 고민이 많은 경영자들이 많은 이유, 또 정답이 없을 것 같은 리더십 분야에 책도 많고 교육과정도 많은 데는 이런 사연이 있는 것이다.

과연 리더십이란 것이 정답이 있을까 하는 생각을 많이 해봤다. 20여 년 동안 경제기자 생활을 하면서 국내외 리더들을 많이 만나봤지만 그들 모두에게 통하는 공통점을 찾기 어려웠던 것이 사실이기 때문이다. 어떤 분야에선 대부분 머리 좋은 사람들이 리더였고, 또 다른 분야에서는 부하들을 잘 이끄는 사람들이 가장 높은 자리에 올랐다. 공공부문의 경우에는 핵심분야의 경험이 많은 사람들이 실력으로 부하들을 감화시키고 있었고, 정치부문에서는 줄서기의 명수들이 나중에 '큰 인물'이 되는 것을 자주 목격했다. 현실이 이렇다 보니 어떤 특질이 리더가 되는 데 반드시 갖춰야 할 필수덕목이라고 얘기하기가 참 어려웠다. 그렇다고 리더십 논의가 허망한 일일 수도 없는 것 아닌가. 내가 알지 못하는 리더십의 본질적 요소는 무엇일까. 나 스스로에게도 몇 년 동안의 생각거리였다.

그런데 몇 년 전 내가 만난 리더 누구에게나 통하는 리더십의 특질을 찾을 수 있었다. 시오노 나나미가 쓴 《로마인 이야기》를 읽다가 '세레노sereno'라는 단어를 찾아냈다. 세레노는 '평온하다' '청명하다'는 뜻을 가진 이탈리아 말이다. 세레노한 사람이란 긍정적이며 밝은 사람을 말한다. 시오노 나나미는 한니발과의 전쟁을 승리로 이끈 스키피오 장군을 그런 매력적인 리더의 전형으로 들고 있다.

나는 전에 어떤 작품에서 이탈리아어로 '세레노'한 분위기, 굳이 번역하자면 담백하고 소탈한 분위기를 자아내는 것이 지도자로 성공하는 남자의 가장 중요한 조건이라고 말한 적이 있는데, 푸블리우스 코르넬리우스 스키피오야말로 젊었을 때부터 이런 분위기를 지니고 있었다. 그가 연단에 올라선 것만으로도 사람들의 흉중에는 그를 지지하고 싶은 마음이 솟아난다. 그리고 대머리가 되기 전의 스키피오는 미남이기도 했다. 좋은 교육을 받고 자라난 유능하고 잘생긴 이 젊은이는 자기가 시민들의 사랑을 받고 있다는 것을 잘 알고 있었다. 사람들은 그의 타고난 붙임성 때문에 불쾌감이나 반감을 느끼지 않고 그의 이런 확고한 자신감을 받아들였다.

—《로마인 이야기 2》 중에서

시오노 나나미는 사람들마다 병이라고는 할 수 없을 정도지만 나름의 고뇌와 상처가 하나씩은 있게 마련인데, 그런 것이 전혀 없어 보이는 밝은 사람에게 끌리게 마련이라고 설명하고 있다. 마치 해바라기가 해를 향하듯이 말이다. 실제로 실력도 뛰어나지 않고 또 그렇게 사람을 끌 만한 요인이 많지 않은데도 주위에 사람들이 꼬이는 사람은 대부분 '세레노'한 사람인 경우가 많다.

현장에서 만난 회장, 사장, 장관, 차관, 시장, 군수, 교장, 협회장 등 이름이 붙은 리더들이 공통적으로 갖고 있는 것은 바로 낙

 경영자를 위한 변명

관주의요, 할 수 있다는 자신감이었다. 이를 드러내며 큰 소리로 호언장담하는 사람도 있었지만, "잘될 겁니다" 하며 조심스럽게 표현하는 이들도 적지 않았다. 그들이 갖고 있는 것은 바로 긍정적이며 밝은 리더십, 바로 세레노 리더십이었다.

세레노 리더는 그 자신이 에너지원이다. 스스로 밝기 때문에 남들에게 관심이 많고 배려도 많이 하게 돼 있다. 그런 점에서 자신을 드러내지 않고 부하들이 스스로 알아서 일할 수 있도록 도와주어 조직 전체를 성장시키는 '서번트servant 리더'와도 맞닿아 있다. 지금이야말로 우리 사회에 '세레노 리더'가 필요한 시기가 아닌가. 바라보고만 있어도 흐뭇하고 가까이 가면 절로 기분이 좋아지는 사람 말이다. 긍정적이고 희망적인 에너지를 발산하는 상사가 있어야 회사도 정겨운 일터가 된다.

왜 긍정적인 에너지가 중요한가. 악화惡貨가 양화良貨를 구축驅逐하듯 긍정적 에너지보다는 부정적 에너지가 전파력이 크기 때문이다. 만족한 손님이 3명에게 좋은 소식을 전하는 반면, 불만을 느낀 고객은 9명에게 험담을 늘어놓는다는 연구 결과도 있다. 부정적 에너지는 상대방의 감정에도 충격파를 준다. 똑같은 인물을 보고도 "얼굴 참 좋아졌네" 하는 사람이 있는가 하면 "무슨 안 좋은 일 있어? 얼굴 부었네"라고 말하는 이도 있다. 아침에 어떤 말을 듣느냐에 따라 하루의 기분이 달라진다. 세레노한 사람은 늘 밝은 얘기를 한다. 어떤 어려움이 있어도 부하를

질책하기보다는 '잘될 것이다'는 신념을 갖고 또 그런 요지로 부하들을 독려한다.

리더의 자리에 있는 사람들이 정말 해서는 안 되는 것이 바로 "내가 이렇게 혁신적인데…… 애들이 못 따라와서……"라는 말이다. 리더가 미래를 긍정적으로 보지 않으면, 리더가 거만하면, 그가 이끄는 조직에는 희망이 적다. 리더의 역량과 수준은 그 자신이 아니라 바로 그 '애들', 즉 사원 또는 직원들에 의해서 결정되는 것이다.

리더십은 알기보다 실천하기가 어려운 덕목이다. 따라서 리더라는 자리도 그만큼 어려운 것이다. 그러나 이미 그 자리에 오른 만큼 당신은 잘해야 한다. 회사사회의 리더인 경영자는 그만큼 어렵고 중요한 자리다. 경영은 오늘보다 나은 내일을 만들려는 의지, 적절한 훈련과 지속적인 노력, 그리고 인간을 존중하는 마음만 가지면 세상을 변화시킬 수 있는 종합예술과도 같은 활동이다. 당신은 그런 경영자인가? 그런 경영자가 되고 싶은가?

경영이란 어렵지만 참 보람 있는 일이다. 모든 사람이 경영자가 되려고 마음먹을 때 우리 사회는 더욱 효과적effective이 되고 살기 좋아질 것이다. 경영자의 최우선 의무는 한 조직의 잠재력을 최대한 발휘하는 것이지만, 그 과정에서 경영자는 자연스럽게 세상을 바꾸려는 꿈을 갖게 된다. 세상을 바꾸려는 꿈을 가진 혁신적인 경영자가 되려고 모두가 노력할 때, 그리고 그런 사람들이 늘어날 때 한국은 선진강국이 될 것이다.

나라경제에 큰 보탬이 되지 않을 것 같은 작은 회사, 작은 조직을 움직이는 사람이라고 해서 이 의무에서 예외가 되지는 않는다. 우리의 짧은 경제역사에서 세계적인 대기업을 일군 사람들이 불과 3, 40년 전만 해도 작은 가게의 주인이었음을 잊지 마라. 특히 한두 명의 젊은 청년들이 세상을 바꾸는 혁신을 이뤄내는 현실에서 규모만으로 위축된다면 지나친 자학이라고 아니할 수 없다. 비영리기관도 마찬가지다. 비즈니스와는 별 상관이 없는 일을 한다고 경영공부가 필요없는 건 아니기 때문이다. 영리기관과 비영리기관의 차이는 어쩌면 영리가 목표냐 아니면 결과냐의 차이에 불과할지도 모른다. 비영리기관은 기관의 목표에 충실하게 일하고 그 결과로 이익을 남기면 또 다른 활동을 벌일 수 있기 때문에 어쩌면 더 고차원의 경영이 필요할 수도 있는 것이다. 작은 가게든, 중소기업이든, 비영리조직이든 그 리더는 스스로가 성공사례를 쌓아가는 경영자라고 생각해야 옳다.

결국 경영자는 세상을 더 낫게 바꾸려는 꿈을 품고 그 꿈을 실현하는 방법을 날마다 고민하는 사람들이고, 이왕이면 개인의 힘이 아니라 조직의 역량을 극대화해 그 꿈을 실현하려는 사람들이다. 갑자기 임원이 됐다고 두려워 마라. 창업을 했다면 실패할까 두려워 마라. 당신도 떨고, 그도 떨고, 모두 떨고 있다. 차라리 경영자의 길을 걷게 된 것을 영광이라고 생각하고 외쳐라.

"난 할 수 있어!"라고.

성공하려면 살아남아라

　당신이 기업에 다니는 이유는 무엇인가. 또는 당신이 창업을 한 이유는 무엇인가. 제법 철학적으로 보이는 이 질문이 당신의 행복지수를 결정한다. 쉽게 또는 위악적으로 "먹고살기 위해서"라고 말할 수도 있을 것이다. 그것이 진실이 아님을 당신은 잘 알고 있다. 그래서 매일매일 고민하고 또 지금 이 책을 읽고 있는 것 아닌가. 그러니까 지금 이 정도의 질문은 당신에게는 그냥 스쳐 지나갈 의미 없는 물음일지도 모르겠다.

　분명한 것은, 전문경영인으로 일하고 있건 당신 회사를 운영하고 있건 경영자로서 당신은 더 나은 미래를 꿈꾸고 있다는 사실이다. 그래서 귀한 시간을 쪼개 책을 읽고 조찬모임에 나가며 직원들을 붙잡고 토론하고 고민하고 있는 것이다. 그렇다면 별 의미 없는 이 질문도 자주 물어야 한다. 나는 왜 회사에 다니는가, 나는 왜 창업을 했나.

　회사의 덕목은 여러 가지가 있을 수 있다. 가장 높은 단계는 그 회사가 나라나 세계, 인류의 행복에 기여할 수 있어야 한다. 최소한 공장에서 가까운 지역사회라도 변화시킬 수 있어야 한다. 그런 뜻에서 회사가 할 수 있는 가장 큰 덕목은 세상을 변혁 transform시키는 것이다. 이것이 가장 높은 단계라면 바로 아래 단계가 회사가 여러 가지 면에서 성공success하는 것이다. 같은 업종 내에서 부러움을 받고 고객이나 파트너로부터 존경을 받을 정도가 되는 것이다. 업계 1, 2위라면 더할 나위도 없다. 보통의 경우 경영자들은 이 단계를 목표로 노력한다. 세 단계 중에 가장 낮은 것이 바로 생존survival이다. 살아남아야 한다. 이건 너무나 당연한 조건이지만 많은 회사나 조직들이 이 단계에서 사라져간다. 경영자인 당신이 언제나 그리고 최우선적으로 관심을 가져야 할 문제다. 생존해야 성공할 수 있고, 성공해야 세상을 변화시킬 꿈을 가질 수 있다. 성장, 그것도 지속 가능한 성장 같은 것은 생존 조건을 완벽히 만족시킨 뒤에야 생각해 볼 수 있는 것이다.

특히 요즘처럼 생존 자체를 자신하기 어려울 정도로 글로벌 차원의 초超경쟁이 벌어지는 시대에는 생존을 최우선시하는 경영에 온 힘을 기울여야 한다. 비용을 줄이고 새로운 아이템을 찾아내며 기존 거래선을 유지하는 노력을 직원들이 최선을 다해 할 수 있도록 독려해야 한다. 그러나 그것만으로 절대 충분하지 않다. 생존 이후를 생각하는 것이 경영자의 책무이기 때문이다. 경영자인 당신은 그와 동시에 한 단계 앞선 생각을 해야 한다. 자칫 직원들의 모든 노력이 허사가 되지 않도록 늘 전략적인 방향성을 고민해야 한다는 얘기다. 하루하루 일상에서 부하들이 자칫 놓칠지 모르는 중요한 사람들을 담당하는 것은 여전히 경영자인 당신의 몫이다.

당신이 조용히 혼자 있을 때 고민해야 할 것은 무엇인가. 피터 드러커Peter F. Drucker가 얘기한 "경영자가 자주 물어야 할 질문 다섯 가지"가 아주 요긴하게 도움이 될 것이다. 서양철학은 플라톤과 아리스토텔레스의 주석에 불과하다는 말이 있다. 주자의 성리학 등 후대의 신유학은 공자와 맹자의 말에 각주를 단 정도라는 평가를 받는다. 경영학에서 이런 칭송을 받는 사람이 바로 피터 드러커다. 지난 2005년 96세로 타계한 그는 경영학이라는 학문을 만든 사람이다.

이후에 경영학은 전략, 마케팅, 조직관리, 회계, 재무, 리더십 등으로 쪼개져 꽃을 피웠지만 드러커의 수많은 저작을 훑어보면 그 대강을 언급하지 않은 분야를 찾기 어렵다. "진정한 교육 혁신은 교과서의 발명이었다"는 그의 탁견은 지금도 많은 이들에게 생각할 거리를 제공한다.

박학다식도 빼놓을 수 없는 드러커의 특징이다. 혹 공사장에서 쓰이는 안전모를 누가 발명한 줄 알고 있는가? 정답은 《이방인》을 쓴 알베르 카뮈다. 놀라운 것은 카뮈가 안전모를 발견했다는 사실이 아니라, 드러커의 책에서만 그 사실이 언급됐다는 점이다. 하긴 동양화와 서예에까지 조예가 깊었던 그가 아닌가. 일찍이 한국을 세계에서 가장 놀라운 성과를 보인 '기업가 정신의 나라'라고 불렀던 그가 살아 있다면 우리 경영자들에게 어떤 화두를 줄까. 그가 1954년에 쓴 기념비적인 책《경영의 실제*The Practice of Management*》에 그 화두가 살아 있다.

드러커는 이 책에서 경영자들이 스스로 자주 물어야 할 다섯 가지를 이렇게 꼽았다. '우리의 사업은 무엇인가' '우리의 고객은 누구인가' '우리의 고객이 가치 있게 생각하는 것은 무엇인가' '우리 사업은 어떻게 될 것인가' '우리 사업은 어떻게 돼야만 하는가'.

50여 년이 지난 지금 봐도 정말 중요한 질문들 아닌가. 이후의 경영학은 바로 이 다섯 가지 화두를 나름대로 풀어 쓴 것에 지나지 않는다. 업業의 정의, 그리고 고객만족 경영에서 고객가치 혁신, 시나리오 경영, 기업의 사회적 책임에 이르기까지 이후 경영의 핵심 이슈들이 이 질문에 다 들어 있다.

드러커의 이 질문이 의미 있는 이유는 회사가 경쟁에 치이고 생존에만 신경 쓰다 보면 이 중요한 문제를 등한시할 가능성이 아주 높기 때문이다. 예를 들어 '우리의 사업은 무엇인가'라는 질문만 해도 그렇다. 1970년대에 의류공장을 세운 사람이 해마다 '우리의 사업은 질 좋고 값싼 의복을 만드는 것'이란 정의에 매여 있다면 과연 그가 이 패션의 시대, 유행의 시대, 글로벌 아웃소싱의 시대에 살아남을 수 있을까. 시대가 바뀌면 업의 정의도 바뀌어야 한다. 그런 고민은 바로 경영자가 회사를 성장시키기 위해 반드시 그리고 자주 물어야 하는 질문이 아닐까. 지금 당장 당신만의 노트를 만들어 피터 드러커의 다섯 가지 질문에 답해 보라. 경영자인 당신은 이 질문에 늘 답할 수 있어야 한다. 직원들은 당신의 그 답을 실천하는 전투원이다. 답이 없으면 그들을 이끌 수 없다.

생존을 위해 경영자들이 자주 짚어봐야 하는 또 다른 화두는 '자기만족'이다. 성공에 가장 큰 걸림돌은 어쩌면 자기가 이제까지 쌓아온 것에 만족하는 데 있다. 리더와 직원들이 "이 정도면 됐지 뭐"라고 만족할 때가 조직으로서는 가장 위험한 시기다. 업종을 넘나드는 블루오션 경쟁이 벌어지고 있고, 지구 반대편의 고객과도 쉽게 거래할 수 있는 이런 시대에 우리가 쌓아온 것들은 어쩌면 하루아침에 사라져버릴 수도 있기 때문이다.

국내에서도 350만 부가 팔리며 화제가 된 《마시멜로 이야기》는 경영자들에게 이런 잘못을 경고하는 덕목을 가진 책이다. 2009년 3월 이 책의 저자인 호아킴 데 포사다Joachim de Posada를 초청해, 경영자 조찬포럼을 비롯한 몇 가지 행사를 하면서 단순히 잘 쓴 자기계발서라고 평가하는 것 이상의 가치를 느꼈다. 스스로 현재에 만족하는 개인은 물론 회사나 나라도 언제든지 모든 것을 잃을 수 있고, 반대로 지금에 불만을 갖고 더 나은 내일을 꿈꾸는 개인, 회사, 나라는 반드시 그 꿈을 실현할 수 있다는 희망의 메시지를 읽을 수 있었다.

　경영자를 위한 변명

마시멜로라는 개념은 스탠퍼드대학교가 주도한 심리학 실험에서 나왔다. 4살짜리 아이들에게 달콤한 마시멜로를 주고 15분만 안 먹고 참으면 하나 더 주겠다고 약속한 뒤 혼자 있게 했을 때 600명 아이 가운데 400명이 참지 못하고 먹어치웠다는 것이 마시멜로 실험의 골자였다. 15년 뒤 조사를 해봤더니 마시멜로의 유혹을 참아낸 아이들 대다수가 성공적인 인생을 살고 있었다는 것이 뒷얘기다. 다 먹어치우지 않고, 미래를 위해 지금의 유혹을 늦출 줄 아는 것이야말로 성공의 가장 원초적인 비결이라는 것이 포사다의 메시지였다.

이 단순하고도 평범한 얘기가 세계적인 초대형 베스트셀러가 된 비결은 무엇일까. 오히려 그 평범함의 가치가 새롭게 빛을 발할 정도로 세상이 바뀐 것은 아닐까. 포사다는 "이렇게 평범한 진리를 실천하는 사람이 적기 때문에 자기 규율을 갖고 절제할 수 있는 사람들이 크게 성공하는 것"이라고 강조했다.

마시멜로라는 화두는 회사에도 적용될 수 있다. 인터넷과 이를 통해 더욱 가속화되는 글로벌 환경에서 과거의 대기업들이 기회를 눈뜨고 놓치고 신생업체들이 기회를 잡는 이유가 바로 여기에 있다. 대기업들이 과거의 성공에 안주하면서 눈앞의 마시멜로를 다 먹어치운 것이 치명적으로 작용했다. 나라도 예외일 수 없다. 선진국 문턱에서만 20여 년, 우리에게 미래를 위해 남겨둔 마시멜로가 하나도 없었던 건 아닐까.

《마시멜로 이야기》에 담긴 유명한 얘기 하나를 더 소개한다. "아프리카에선 매일 아침 가젤이 잠을 깬다. 가젤은 가장 빠른 사자보다 더 빨리 달려야 살아남을 수 있다는 것을 잘 알고 있다. 매일 아침 사자도 잠이 깬다. 사자는 가장 느린 가젤보다 빨리 달려야 굶어죽지 않는다는 걸 잘 알고 있다. 가젤이건 사자건 아침에 해가 뜨면 달려야 한다."

잘 사는 사람이건 못 사는 사람이건 달려야 한다. 생존이 최고의 가치인 시대, 생존할 수 있어야 성공 가능성이 남는 시대를 우리는 산다.

다행히 기업의 생존조건은 그렇게 어려운 일이 아니다. 다만 그 본질을 아는 것이 중요하다. 기업이 살아남기 위해서 반드시 지켜야 하는 '생존부등식'이라는 것을 보자. 윤석철 한양대 석좌교수가 《경영학의 진리체계》에서 잘 설명한 이 부등식은 '비용cost 〈 가격price 〈 가치value'로 표현된다.

한마디로 요약하면 회사는 비용보다 높은 가격을 매길 수 있을 때 상품을 팔 수 있고, 회사가 매긴 가격이 고객이 중요시하는 가치보다 낮은 수준일 때 생존할 수 있고 성장이 가능하다는 것이다.

이 공식은 너무나 당연한 상식 같지만 초일류기업들은 경기에 상관없이 이를 지켜 성공하고 보통의 기업들은 이 부등식의 소중함을 몰라 결국 자멸한다.

부등식을 풀어보자. 상품이나 서비스를 생산하는 비용 이상의 가격으로 팔 수 있어야 비즈니스를 계속할 수 있다. 이 부등식이 거꾸로 돼 비용이 가격보다 높으면 팔수록 손해를 보게 되고 결국 사업을 포기할 수밖에 없다.

두 번째 단계인 가격과 가치의 관계도 마찬가지다. 가치를 '고객이 돈을 내고 살 만하다고 믿는 무엇'이라고 정의할 때 고객들은 자신이 가치 있다고 생각하는 것보다 가격이 낮을 때 상품을 산다. 기업은 고객들이 평가하는 가치보다는 가격을 낮게 책정해야 매출을 일으킬 수 있다. 그러니까 기업은 이 생존부등식을 만족시키기 위해 끊임없이 비용을 떨어뜨리는 동시에 고객가치를 높이는 일에 매진해야 한다.

경영자가 이 생존부등식을 잘 알고 있으면 질문의 수준 자체가 달라질 수 있다. 비용, 가격, 가치라는 세 가지 개념으로 직원들에게 전략방향을 일깨워줄 수 있다. 침체기든 회복기든 호황기든 기업은 이 생존부등식을 만족시켜야 살아남을 수 있다. 한 걸음 더 나아가 비용을 더욱 낮추고 고객가치를 계속 높여가면 가격을 선정할 때 많은 재량권을 확보하며 성장 잠재력도 확충할 수 있다. 호황기에는 가격을 더 많이 올릴 수 있고, 침체기에는 가격을 낮춰 수요를 진작시킬 수도 있기 때문이다. 살아남아야 성공할 수 있고, 성공해야 다른 사람들의 삶과 나아가 사회와 세상을 바꾸는 변혁도 꾀할 수 있다.

고독은 리더의 숙명

사장 또는 CEO는 그 직함만으로 남들의 부러움을 산다. 그러나 아래 풍경들을 보면 경영자의 생활이 꼭 부러운 것만은 아닐 것이다. 당신은 다음 중 어느 케이스에 해당하는가. 혹 전부 당신의 얘기여도 괴로워 마라. 그렇다면 당신이야말로 한국의 대표 경영자이기 때문이다. 직장생활은 각박해지고 경쟁은 치열해지는 시대의 한가운데서 맞는 100세 장수시대, 당신의 모습은 어떠한가.

풍경 1. 뒷물결은 밀려오는데

40대 중반, 발에 문제가 느껴졌다. 계단을 걸어 내려가면 실핏줄이 터지는 듯했다. 운동을 시작했다. 북한산부터 시작해 서울 근교의 산이란 산은 다 돌았다. 50세가 되면서 건강을 되찾았다. 자신감도 돌아왔다. 상무, 전무, 부사장, 사장까지 승진가도를 달렸다. 그런데 벌써 떠날 때가 됐다. 이렇게 건강한데 말이다.

대기업 그룹에서 잘나가는 편에 속하는 A사장은 해마다 12월엔 작은 두려움을 갖는다. 회장실에서 전화가 올 때마다 가슴이 벌렁거린다. 몇 달 전에도 그랬다. 불같은 성격의 회장이 요즘 들어 야단을 자주 치지 않는 게 이상하다. 뭔가 미안한 얘기를 하고 싶어서는 아닐까.

마음은 비운 지 오래다. 몸도 마음도 능력도 아무 문제 없다고 자신하지만 뒤에 줄 서 있는 후배 임원들을 보면 관례대로 용퇴해야 하는 건 아닐까 싶다. 그래서 가능하면 신규사업은 전무에게 맡기고 해외사업은 부사장에게 책임 지우는 식으로 승계 비슷한 작업도 해봤다.

마음이 내키는 건 아니다. 잭 웰치Jack Welch 같은 이는 무려 20년 넘게 CEO 자리에 있었는데, 군번에 밀려나는 건 억울하다. 그래도 어쩔 건가. 문제는 마음을 비우니 몸도 비워지더라는 것이다. 의욕이 사라지고, 운동은 할수록 더 피곤해졌다. 그 좋던 골프가 노역으로 변했다. 산도 귀찮고 암벽은 겁이 난다. 그래, 때가 된 거야.

떠날 형편이 되는 건 아니다. 늦게 결혼한 터라 아이들 뒤치다꺼리가 만만치 않다. 지금 퇴직을 해도 먹고살 정도는 되지만 그렇다고 새로운 사업을 벌이기에는 가진 돈이 많이 부족하다. 이대로라면 일 없이 아내와 평생 붙어다녀야 한다.

한국 대기업 사장들의 평균인 57세의 A사장. 그는 이제 위험한 길로 들어서고 있다. 정점에서 내려오는 것이어서 낮은 데로 제대로 임하지 못했다간 크게 다칠지도 모를 일이다.

풍경 2. "아직도 사업을 하시나요?"

"딸내미가 당신 인상 변했대요. 마르고 착한 얼굴이었는데, 요즘엔 살찌고 심술궂어졌대요."

중견 유통업체를 경영하고 있는 K사장이 최근 아내에게 들은 말이다. 딸이 아빠에게 관심 가져줬다니 고마울 따름이다. "아빠가 잠도 못 자고 고생하시더니……" 하는 걱정까지 전해 들었을 땐 '울컥'하기까지 했다.

K사장은 요즘 울고 싶을 뿐이다. 매출은 절반으로 줄었고 대리점을 빼겠다는 업체들을 말리느라 '전국구'로 뛴다. 여관방 신세에 식사도 제대로 못해 입술이 부르튼 지는 오래다. 주로 대기업들과 거래해 돈 못 받는 일은 없었는데, 요즘엔 아침 경제신문을 볼 때마다 조마조마하기만 하다. 걸려오는 전화는 부쩍 늘었지만 받을 엄두가 나지 않는다. 빌려줄 돈도 없고 보증을 서줄 용기도 없다. 그런 걱정을 아는지 모르는지 책상에 붙어 앉아 인터넷만 보는 것 같은 직원들이 못내 야속하다.

그나마 오랜만에 동창들을 만나는 송년회가 위안이다. 머리에 세월이 내려 '큰형님' 소리를 듣는 동창들에 비해선 그래도 때깔이 나는 편이어서다. 그러나 엊그제 송년회는 달랐다. 중학교 교감을 하는 친구가 속을 긁었다. "아직도 사업하냐? 주변에 패가망신하는 사장들이 너무 많아서 말이야."

돌아오는 저녁, K사장은 스스로에게 물었다. 그래, 나는 왜 사업을 하는 걸까.

경제침체가 어두운 그림자를 길게 늘이기 시작하면 K사장 같은 보통 경영자는 감당할 수 없는 삶의 무게에 눈물이 날 지경이다. 벌이지 않았어도 밥은 먹고살았을 텐데, 벌여놨으니 망하면 크게 망한다. '사무실 영감' 되기 싫어서 도전했던 삶이 후회되기는 10년 만에 이번이 처음이다.

풍경 3 한국의 사장, 생존이 감사한 영원한 을

경기도 인근에 적잖은 공장을 갖고 있는 S공업의 C사장은 허리가 부드러운 사람이다. 특히 공무원을 만나면 여지없이 구부러진다. 환갑이란 나이가 무색하게 90도 각도가 나온다. 지위고하를 막론하고 깍듯한 자세를 잊지 않는다. 처음 만난 공무원과 헤어질 때 그가 하는 인사말도 올해로 30년째 변함이 없다. "일간 전화 한번 올리겠습니다."

속으로도 공무원을 존경하는 마음을 갖고 있을까. 그가 술기운이 올랐을 때 떠봤다. "공무원에게 잘못 보이면 3대가 고생"이라는 말이 돌아왔다.

회사가 갖고 있던 골프장을 외환위기 때 팔아버린 정보통신업체의 L사장은 "정부 눈치 너무 본 것 아니냐"는 질문에 손사래를 쳤다. 공무원들의 부킹 부탁을 '원천봉쇄'하게 돼 속이 시원하다고 했다. 골프장을 매각한 뒤엔 주말이 휴가가 됐다. 예전엔 이 부처 저 부처 공무원들이 금요일 밤늦게 전화를 해서 토요일 황금시간대를 잡아달라는 건 예사였다.

세상이 많이 변했다지만 규제와 인·허가권이 남아 있는 곳에서 공무원은 기업인들에겐 여전히 무시할 수 없는 '갑甲'이다. 순환보직이다 뭐다 해서 얼마나 많이 바뀌는지 해가 갈수록 갑이 늘어만 간다. 새로 올 때마다 매번 붙잡고 설명하기도 어려워 그저 '있을 때 잘할 뿐'이다. "만기 없는 소멸형 보험을 들고 있는 셈"이라고 말하는 사장들도 있다.

고객, 경쟁, 글로벌 시장 같은 단어는 경영학 교과서나 경제신문에 나오는 것일 뿐, 더 중요한 것은 공무원 같은 '힘 있는' 집단과의 관계라고 믿는 사장들이 더 많다. 요즘 같은 구조조정의 시대엔 그 '끈'이 막강한 힘을 발휘하기도 한다.

생존해야 성장도 있고 발전도 있다. 그러니 허리가 뭔 대수랴. 담당 공무원이 자주 바뀌면, 그 자리를 수십 년째 지키고 있는 당신이 진짜 주인 아닌가. 주인으로서 당당하게 부러지지 않을 정도로만 구부리면 될 것이다.

"전화 진짜 하기는 하냐?"는 질문에 C사장은 웃었다. "전화 올리면 욕먹어요. 다른 거 올리든지, 모른 척해야지."

풍경 4. 회사에선 넘버 1, 집에서는……

중견 제조업체 전문경영인인 A사장은 최근 몇 년 동안 후배들 사이에서 기피인물이 됐다. 그와 골프를 나갔다 하루를 '공치는' 경험을 한 후배들이 늘어난 탓이다. 새벽 골프를 나갔다 다음 날 새벽에 술 취해 귀가해 봤는가. 해보지 않았으면 말을 마라. 집에서도

"정말로 골프 치고 온 것 맞느냐"는 억울한 의심을 받고, 늦게 일어나는 바람에 다음 날까지 망친다. "다시는 그 선배하고 같이 나가나 봐라"고 다짐할밖에.

골프장에서만 그런 게 아니다. 그와의 저녁약속은 부하들도 겁내는 '장기전'이다. 소주를 곁들인 식사를 하고, 맥주를 마시고, 노래방에 갔다가 마지막으로 포장마차에서 소주 한잔 더하고, 우동 한 그릇으로 해장해야 겨우 끝난다.

원래는 매너 좋기로 유명했던 그다. 사람들은 해박한 지식과 세련된 화술을 자랑하는 그를 늘 부러워했다. 그런 그가 몇 년 사이 엄청 변했다. 한번 만나면 도대체 놔주지를 않는다.

A사장만 그런 것이 아니다. 50대 사장들 가운데 '토요일의 물귀신'들이 적지 않다. 술 때문이 아니다. 술을 잘 마시지 않는 사장 가운데서도 장기전을 즐기는 이들이 부쩍 늘었다. 그렇다고 회사일을 제대로 못하는 것도 아니다. 건강을 생각해 몸을 사려야 할 나이의 사장들이 왜들 이러는 걸까.

알고 보면 불쌍한 면이 있다. 사장 신세치곤 처량하다. 회사에서는 '넘버1'이지만 집에서는 '넘버4 이하'인 경우가 대부분이다. 돈은 잘 벌어다 줄지 몰라도 젊을 때부터 늦게 귀가해서인지 성장한 아이들은 아버지를 별로 찾지 않는다. 이미 가계 경제권을 장악한 아내는 '잔소리쟁이 영감'이 하루 종일 집에 있는 것을 원하지 않는다. A사장이 15년 전 골프를 배울 때 아내에게 했던 말을 이제는 아내가 그에게 등 떠밀며 한다. "골프도 칠 때 치는 거야."

회사에서는 편할 거라고? 천만에다. '넘버1'을 너무 깍듯하게 모시니 실없는 농담도 할 기회가 없다. 그러면서도 큰일이 벌어지면 사장이 결정을 내리기 전까지 모르는 척들 한다. 책임만 넘버1인 셈이다. 그러니 어쩌다 만나는 다른 회사 후배들을 보면 '너무 너무 너무' 반가운 것이다. 사회적으로는 넘버1, 가정에서는 아무도 챙기지 않는 넘버4 이하. 경제위기 속 대한민국 CEO의 모습이다.

풍경 5. 성공했어도 세월 탓에

요즘 특급 호텔 피트니스 센터에는 새로운 '연령차별'이 생겼다. 60세가 넘으면 회원이 될 수 없는 곳이 대부분이다. 모 호텔 피트니스 센터에서 있었던 '사건' 이후 생긴 일이다. 괄약근이 부실해진 원로 회원이 사우나 욕탕에 '실례'한 일을 젊은 회원들이 문제 삼는 바람에 피트니스 센터 측이 아예 규정을 바꿨다. 돈이 아무리 많아도 세월 앞에선 헛일인 시대가 됐다.

어느 술자리에서 현직 사장들에게 이 애기를 들려줬다. 농담으로 건넨 말에 그들의 웃음기가 사라졌다. 일순 당혹스러웠는데 그들 중 한 사람이 답을 줬다. "나도 3년밖에 안 남았네……"

잘나가는 비즈니스맨들에게 50대는 전성기다. 집에서보다 회사가 훨씬 편하다. 큰 결정이라는 부담은 있어도 잔일 스트레스는 없다. 일도 비서와 부하들이 대강 다 해놓고 차까지 제공받으니 용돈

쓸 일이 없다.

그러나 그 전성시대는 꺼지기 직전 촛불을 닮았다. 어느 날 갑자기 정년퇴임식장에서 고별사를 읽어야 할지 모른다. 아예 출세를 못해 수년간 이직준비를 한 사람보다 못한 신세가 된다. 언제 막을 내릴지 알 수 없는 전성기의 풍운아들이 바로 이 시대의 전문경영인들이다.

대기업에서 사장까지 마친 이들이라고 해서 별다를 게 없다. 국내 최고 기업조차 평생 쓰기에는 부족함이 없지만 그렇다고 큰 사업을 벌이기엔 너무나 부족한 액수를 퇴직금으로 주는 게 현실이다. 괜히 사업을 벌여서 후배들과 전 직장에 피해 주는 일은 없게 하라는 사인이다. 그러다 보니 몇몇 헛바람 든 이들을 빼고는 대기업 전직 사장도 은퇴와 동시에 '영감'이 된다.

중소기업을 창업하면 일가를 이루는 오너 회장이 될 수도 있다. 아예 고시를 택했으면 출세가도를 달려 '직업이 장관'이 되는 멋진 길도 있다. 이에 비하면 대기업 경영자들은 전성기가 지나면 너무나 평범한 황혼기를 맞을 수밖에 없다. 게다가 이미 나이는 고급 호텔 피트니스 회원도 될 수 없는 신세가 됐다.

풍경 6. 임원은 임시직원의 준말

"임원들 많은데 뭘 걱정하세요. 이제 그만 맡기고 좀 즐기세요."

사장들을 만나면 주로 이렇게 덕담을 건넨다. 그러나 이 말을 편하게 받아들이는 사장들은 별로 없다. 오히려 성질을 돋운다는 듯 신경질적인 반응을 보이는 이들도 적지 않다. 덕담을 건넨 쪽이 머쓱해지는 순간이다.

회사의 핵심인재는 누구일까. 보통은 상무, 전무, 부사장 등 타이틀을 달고 있는 임원들일 것이라고 생각한다. 회사 내에서도 공산당 서열처럼 '넘버2' '넘버5' 식으로 순위를 매기곤 한다. 그러나 막상 사장들을 만나보면 이런 통념이 아주 잘못된 것임을 알 수 있다. 사장들 가운데 상당수는 임원들을 인재로 생각하지 않는다. 왜 그럴까. 제조업체인 A사 C사장의 말이다. "임원 가운데 20% 정도만 쓸 만해요. 나머지 임원들은 없어도 회사가 잘 돌아가요."

그렇다면 C사장은 왜 자신이 믿지도 않고 능력도 인정하지 않는 사람들을 중용하고 있는 것일까. 그의 답은 간단했다. "그동안 고생한 것을 생각해 거기까지 올려줬다"는 것이다. 그리고 "아래에서부터 올라가 승진한 임원이 있어야 직원들이 비전을 갖고 일할 수 있다"는 설명도 덧붙였다.

임원들이 그 자리에 있는 이유는 또 있다. 리스크 분산이다. 사장 혼자 질 수 없는 책임을 나누고 있을 뿐이다. 총알받이인 경우도 적지 않다. 작은 기업에서만 일어나는 일이거나 임원들에게만 해당되는 일이 아니다.

대기업 계열사 사장들 가운데도 오너 회장으로부터 이런 대접을 받는 이들이 적지 않다. 중견 그룹의 한 회장은 "계열사 사장 20여

명 중에도 편차가 엄청 심하다"고 털어놨다. 그 역시 "계열사 사장 자리란 그동안의 노력에 대한 보답인 경우가 많다"고 강조했다.

그렇다. 이미 성공한 것 같은 기업의 '별' 가운데도 이렇게 찬밥, 더운밥이 분명히 있다. 그래서 암투도 있고 정치도 있고 두려움도 있고 떨림도 있는 것이다. 시절이 하 수상해지면서 '별'은 이미 떨어지고 있다.

자, 이런 풍경이 혹 어떻게 느껴지는지. CEO가 되고 싶다는 젊은 친구들을 만나보면 대부분 사장이라는 자리와 이름이 주는 환상을 갖고 있다. 사장을 큰 결정만 하면 되고, 회사에서 가장 많은 급여를 받으며 별 걱정 없이 일하는 현대판 귀족 정도로 생각하는 경향이 있다. 그러나 실제 현장의 사장, 그리고 기관장, 장관, 교장 등의 이름으로 불리는 우리 사회의 리더들은 인생의 중년기를 넘어가며 생기는 여러 가지 변화들에 고통받고 있고 현실에 적응하기 위해 살아가는 과정에서 오히려 심한 '고독병'을 앓고 있는 경우가 많다. 외로움이 자신들의 코드인 사람이 대부분이다.

당신이 그렇다 하더라도 너무 괴로워할 것은 없다. 왜 그렇게 됐는지 진단해 보고 새로운 비전을 세워 앞날을 도모하면 된다.

자, 위에 보여준 풍경을 뭉뚱그려 설명하면서 그 해법을 찾아보자. 사람에게는 네 가지 모습이 있다. 사회인, 직장인, 가정인,

개인. 그 가운데 직장인으로서만 살아왔던 대표적인 인물들이 바로 한국의 경영자다. 사회인으로서 봉사도 하고, 개인으로서 취미도 갖는 건 나중에 할 수 있다고 치자. 가정인으로서 그동안 깎인 점수는 만회할 길이 없다. 오로지 비즈니스만 생각하는 '회사 인간', 그 마지막 세대가 한국의 50대 남자들, 즉 지금 한창 경영자로 활동하고 있는 바로 그들이다. 지금 당장 사는 일보다 길어진 노후를 더 걱정해야 하는 시대가 되면서 그들이 가정을 지키려는 아내와 벌이는 '장미전쟁'은 지금도 곳곳에서 터지고 있다. 유행가 가사처럼 '사랑이 저만치 가네' 하며 괴로워할 필요가 없다. 배우자는 이미 20년 넘게 그렇게 느꼈을지도 모를 일이다. 이제부터 잘하면 된다. 사회인, 직장인, 가정인, 개인 등의 모습을 조화롭게 만드는 노력이 그래서 필요하다.

또 후배들이 성장해 오는 것도 할 수 없는 노릇이다. 당신도 그런 논리로 선배들을 밀어내고 그 자리에 오른 것 아닌가. 정말 신경 써야 할 것은 그 과정에서 당신이 손에서 일을 놓고 늙어가는 일이다. 이것만은 반드시 피해야 한다. 대학교수 출신 인사의 말을 들어보라. "교수들이 정년퇴직하고 3년만 건강하면 장수해요. 3년 내에 쓰러지는 사람이 얼마나 많은지 몰라요. 일이 없어져 갑자기 늙는 거예요."

자기확신이 정말로 필요한 때가 바로 은퇴 무렵이다. 내 인생에 정년은 없다고 진심으로 믿어야 한다. 정년은 인력의 수요와 공급 때문에 현대에 들어와 생긴 것일 뿐이다. 조선시대 행정가의 정년은 70세였다. 평균수명 40대 시절에 말이다. 호주는 현재 65세인 정년을 70세로 연장하는 방안을 놓고 사회적 토의를 벌이고 있다고 한다. 그러니 은퇴를 앞둔 한국의 CEO들이여, 자리는 놓아도 일은 놓지 마시라.

사업과 관련해서, "아직도 사업을 하시나요?"라는 말은 사실 남들이 하는 질문이 아니다. 사업가들이 스스로 자조 섞인 말로 하던 것이다. 사업이 어렵고 경기가 도와주지 않으면 자주 이런 생각이 들게 돼 있다. 그러나 사장들이여 잊지 마시라. 200만 년 이상 '거지'처럼 살았던 인류를 이만큼 살게 만들어준 것은 18세기쯤부터 생긴 회사^{company}라는 조직이었다. HP의 공동창업자 데이비드 패커드^{David Packard}의 말을 들어보라. "한 무리의 사람들이 모여 회사라는 것을 만든다. 그들은 혼자서는 이루기 어려운 큰일들을 함께 해내고 그렇게 해서 사회를 발전시킨다. 이것이 회사가 가진 덕목이다."

혹 당신이 이번 인사에서 임원이 됐다면 이제부터 더욱 긴장해야 한다. 임원이 된 것만으로 사장의 신임을 얻었다고 절대 과신 마시라! 눈치나 보고 사내정치나 하라는 얘기가 아니다. 출세가도의 출발점에 선 만큼 스스로를 다스릴 수 있어야 한다는 말이다. 영향력이 커졌으니 남 말 하기를 조심하고 스스로를 더욱 삼가야 한다. 동시에 임원으로서 더 큰 실적을 올리기 위해 노력해야 한다. 혹시나 자신이 배려 차원에서 뽑힌 것이라고 생각되면 더욱 그래야 한다.

이밖에도 중년의 경영자들을 괴롭히는 요소는 너무나 많을 것이다. 경쟁이 치열한 현실에서 살아남기 위해 놓친 것들이 그만큼 나중에 짐이 되어 돌아오기 때문이다. 아이들에게도 잘 못했고 부모에게도 돈으로만 효도했을 뿐이고, 경영혁신이라는 명분으로 남에게 피눈물을 흘리게 했다. 그런 것들이 결국 지금 고스란히 큰 부담으로 돌아오는 것이다. 자기 자신에게도 마찬가지다. 모든 것을 포기하고 노력해 이 자리에 올랐는데, 이제 나이가 문제가 되어 주역의 자리에서 밀려나는 일도 생기는 것이다.

이런저런 이유로 한국의 경영자들은 고독병에 시달리게 되어 있다. 경영자들이 안정적이지 못한 것은 사회적으로도 문제가 될 수 있다. 스스로 불안해하면서 남들을 제대로 이끌기란 어려운 일이다. 실제로 가을쯤 되면 경영자들의 고독병은 깊어진다. 사회적으로 성공했지만 자신의 인생을 닮은 계절인 가을이 오면 자책감이 훨씬 많아진다. "성공을 위해 달리다 보니 효도도 돈으로 했고 가족 사랑도 돈으로 때웠다"는 말이 술자리에서 많아진다.

실제 50대면 남성의 경우 여성호르몬이 부쩍 늘어나고, 잊고 살았던 핵심감정core emotion도 살아나는 나이다. 평소에는 그냥 지나칠 것들까지 서운해진다. 직원들끼리 회의를 하면 이젠 '나만 빼놓고’ 한다는 느낌을 지울 수 없다. 회사생활의 정점에 올랐지만 ‘이게 정말 내 길이었나?’ 하는 회의까지 든다. 동창들을 만날 때마다 가지 않은 길에 대한 미련을 느낀다. 그림이나 노래같이 예전엔 실패의 상징으로 보이던 것들을 붙잡아 평생업으로 사는 친구들이 한없이 부럽다.

외롭고 고독해도 성과만 있다면야 문제가 없을 것이다. 경기 침체로 성과도 변변찮고 직원들의 사기도 처지면 더욱 문제다. “이럴 때 내가 빅히트를 쳐야지” 하며 다짐해 보지만 자신이 없다. “가을바람에 흔들리는 이 나약한 인간이 할 수 있는 게 무얼까” 하는 생각을 아무에게도 말하지 못하고 혼자 중얼거린다.

그러나 고독은 어떤 일의 결과가 아니라 리더의 자리에 있는 사람에겐 피할 수 없는 운명과도 같은 것이다.

> 고독은 창조를 직업으로 삼는 사람한테는 평생을 따라다니는 숙명이다. 신이 창조의 재능을 준 대가로 고독을 주었나 싶을 정도다. 고독을 한탄하고 있으면 창조라는 작업을 수행할 수 없다. 아니 사실은 한탄하고 있을 시간적 여유도 없다.
>
> —《로마인 이야기》 중에서

그러니 삶이 그대를 속일지라도 우리 경제의 주인공인 당신은 살아남아야 한다. 당신은 어쩌면 당신의 전성기라는 그 가치를 알지 못하고 스스로 그 시기를 줄이고 있는지도 모른다. 각오를 새롭게 하라. 성공을 목표로 하되 이왕이면 아주 큰 성공을 꿈꾸라. 전성기 이후엔 아무것도 없다는 생각으로 더 달려라. 글로벌 초우량기업, 한국을 대표하는 혁신조직, 직원들이 너무 행복해하는 회사를 만들 각오를 다져라. 이왕이면 나라가 할 수 없는 일을 민간이 해결하겠다는 사명감에 불타면 더욱 좋다. 흙먼지 일으키며 돌아올 권토중래捲土重來의 그날을 기약하면서 말이다. 헬렌 켈러의 한마디를 다시 새기면서 스스로 다짐할 일이다. "인생은 대담한 모험이거나 아무것도 아니다."

당신이 문제일지 모른다

사람은 사람으로 봐야 제대로 볼 수 있다. 걱정 없는 사람은 아무도 없다. 남들이 보기엔 한없이 부럽기만 한 사람도 상처 하나씩은 안고 산다.

기업체의 임원이 되면 별을 달았다고 한다. 그러나 임원 스스로는 '임시직원' 신세일 뿐이다. 별 중의 별이라고 할 만한 대기업 CEO도 마찬가지다. 최고의 연봉과 대우를 받으며 황금기를 누리고 있는 그들에게도 남모를 아픔이 있다. 경영실적이 나빠지면 모든 책임을 져야 한다. 책임으로 말하면 가장 불행한 사람이 바로 사장이다. 사업 실패로 전 재산을 날리면 보통 인생보다 못한 노후를 맞아야 한다.

사실 사람이란 개인으로 돌아가면 큰 차이가 없다. 특히 행복을 생각하면 정말 상대적이다. 임원들은 바쁜 만큼 가정에 충실하기 어렵다. 그러니 가족 행복지수가 낮아질 수밖에 없다. 아주 조화로운 삶을 누리고 있지 않은 한 누구나 문제가 있다. 중요한 것은 나름의 해소법이 있느냐 없느냐다. 스트레스를 자주 풀지 못하면 병적인 현상을 보이게 된다. 이런 문제가 외부적으로 표현되면 공격적 성향이 되고, 내부적으로 표현되면 우울증이 되는 것이다.

중독증도 같은 문맥이다. 일중독이라고 해서 예외가 아니다. 술, 담배는 물론이고 무엇인가에 빠지고 있다면 스스로 정상적이지 않다고 생각하는 게 옳다. 중독증의 근저에는 보상심리가 있다. 열심히 일한 만큼 보상받으려는 심리가 그만큼 강해지면서 자기 자신이 아주 좋아하는 무엇인가에 빠지게 되는 것이다. 이를 치유하기 위해서는 재미를 느낄 수 있는, 좋아하는 것이 있어야 한다. 그러니 골프라도 칠 수 있어야 CEO 인생도 건전해지는 것이다.

남들이 잘 모르는 CEO의 심리 중에 '잭 웰치 콤플렉스'라고 부를 만한 게 있다. 이미 은퇴했지만 '경영의 신'으로까지 불렸던 잭 웰치 GE 전회장과 같은 수준의 성과를 내야 한다는 부담

감. 환경은 그렇지 못한데 주위의 요구는 높아만 가니 그 중압감
이 자신을 짓누른다. 이런 일로 정신과를 찾는 CEO들이 있다고
하면 믿기지 않을 것이다. 목회자들 가운데서도 유사한 증상이
있는데 이를 '메시아 콤플렉스'라고 부른다. 잘나가는 비즈니스
맨, 목회자, 공직자 가운데 40대 사망률이 높은 것은 이런 중압
감을 이겨내지 못한 탓이라고 보는 견해들도 적지 않다.

그러나 그런 콤플렉스는 사실 근거 없는 것이다. 어쩌면 잭 웰
치가 와도 국내 경영환경에서는 성과를 못 낼지 모른다. 대기업
사장들은 잭 웰치 콤플렉스에, 중소기업 사장들은 삼성 콤플렉
스에, 또 대부분의 사장들은 자신이 공부할 시기를 놓쳤거나 경
영을 전공하지 않았다고 해서 학벌 콤플렉스나 전공 콤플렉스에
서 벗어나지 못하고 있다. 그러나 노력하고 있는 한 당신의 길은
결코 잘못되지 않았다. 자신감을 가져라. 그 대신 성공을 부르는
습관을 기르려는 자세와 노력이 필요하다. 안으로는 긍정적인
자세와 직원들을 미래의 리더로 키우려는 역사의식, 그리고 밖
으로는 세상의 변화논리를 알려는 자세, 그리고 스스로는 도전
정신을 키우면 된다.

콤플렉스는 떨쳐내야 하지만 경영자들이 조심해야 할 것은 분
명히 있다. 우선 성공경험을 잊을 수 있어야 한다. 모든 성공은
최면이요 마약이다. 언제든 반복될 수 있고 어디서든 통할 것만
같다. 그러나 경쟁이 있는 사회에서 그런 일은 잘 안 생긴다. 과

거의 성공은 사다리일 뿐이다. 올라오는 데 쓴 도구는 더 높은 곳으로 올라가는 데는 쓸모가 없다. 성공이라는 사다리를 걷어 찰 수 있어야 진정한 CEO의 길에 들어설 수 있다.

막 임원이 돼 경영진의 반열에 올라서면 의욕에 넘친다. 그러나 스포츠에서 쉽게 알 수 있듯 흥분만큼 위험한 것도 없다. 고수를 만나면 여지없이 깨지고, 엔도르핀이 너무 높아져 부하들과 코드가 안 맞는다. 더군다나 경기침체가 한동안 이어지는 현실이라면 성과도 기대만큼 나타나지 않는다.

그러니까 장차 위대한 CEO가 되려면 초임 임원 시절부터 침착해야 한다. 방향을 잘 잡고 있는지 늘 자문해야 한다. 고수의 세계에서는 한 번의 실수로 승부가 갈린다. 특히 조심해야 할 대목은 과거의 성공경험을 고집하는 것이다. 부장 시절에 재미를 본 방법을 계속 써먹다간 '부장감'으로 낮아지고 거기서 회사인생의 수명을 다할 수도 있다. 사실 초임 임원들에만 해당되는 것은 아니다. 모든 리더는 과거의 성공경험을 자신의 밑천으로 안다. 그것이 경험이라고 생각한다. 그러나 이렇게 변화가 빠른 시절에 과거의 성공은 그야말로 과거일 뿐이다. 모방이 쉽고 비결이 모두에게 잘 알려지는 시대에는 한번 성공한 것이 오히려 독이 되기도 한다. 역사학자 아놀드 토인비Arnold J. Toynbee는 역사를 바꾸는 데 성공한 창조적 소수가 그 성공으로 인해 교만해져서 남의 말에 귀를 막고 독단적으로 행동하다 판단력을 잃는 것을

'휴브리스hubris'라고 불렀다.

원래의 뜻인 오만, 자만을 넘어 '성공경험의 자기 우상화'라고 부를 수 있는 현상이다. 총칼로 권력을 잡은 군인이 계속 그 방식으로 철권통치를 하다 결국 또 다른 쿠데타를 맞아 실각하는 것이 휴브리스의 대표적인 사례다. 당신은 혹 휴브리스를 갖고 있지 않은지. 성공은 이미 과거다. 과거의 경험이 통하지 않는 시대에는 성공도 버려야 할 기억이다. 과거의 내 방식이 더 이상 통하지 않을 것이라고 믿을 때 더욱 비장해진다.

버려야 할 것은 또 있다. 자신만의 방식을 고집해선 안 된다. 경영진이 되면 이제 직원들을 소중한 자산으로 보는 시각이 필요하다. 내 기준으로만 인재를 보는 눈은 반성해야 옳다. 작은 회사가 아니라 제법 규모가 큰 업체에서도 "우리 회사에 인재가 없다"는 말을 하는 사장들을 자주 만날 수 있다. "보고서 한 장을 제대로 못 쓰니 한심하다"는 설명까지 붙이는 이들도 많다. 물론 그들의 말대로 정말로 실력 없고 노력하지 않는 직원들도 있을 것이다. 그러나 몇 번 관찰해 보면 이런 평가는 사장의 성격 탓인 경우가 훨씬 많다.

보통 말보다 10배를 먹어야 달릴 수 있는 천리마를 못 알아보고 여물을 다른 말들만큼만 주면 그 말은 아무리 천리마라도 달리지 못하고 하루 종일 비실거릴 수밖에 없다. 직원들 가운데도 분명 천리마가 있다. 회사를 박차고 나와 더 큰 성공을 거두는 경우가 얼마나 많은가. 그러니 부하가 마음에 안 들면 혹시 "나에게 무슨 문제가 있는 건 아닐까"를 먼저 물어야 한다.

핵심감정^{core emotion}이란 타고난 천성 같은 것으로 자신을 특징짓는 가장 중요한 심리적 특질을 일컫는다. '연민'이 핵심감정인 사람은 다른 사람을 불쌍하게 여기고 봉사하며 평생을 살 가능성이 높다.

문제는 기업 경영자들 가운데 핵심감정이 '불안' '분노' '불신' 등인 사람이 많다는 데 있다. 이런 종류의 감정이 밑바탕에 깔려 있는 사람들은 마음에 드는 것이 하나도 없을 때가 많다. 열심히 설명했는데도 직원들이 자기 뜻을 따라오지 못하는 것 같으면 짜증부터 낸다. 예를 들면 부하들이 올린 보고서는 어느 것이건 사인펜으로 새빨갛게 고쳐놓아야 직성이 풀린다. 몇 번씩 퇴짜를 놓았다가 자기 스타일에 맞춰 오면 그제야 화가 풀리는 식이다. 그러고는 "이러니 내가 일에서 손을 놓을 수 없지"라면서 스스로 만족한다.

모든 보고서가 정말로 수준 이하일까? 대개의 경우 부하들 실력이 문제가 아니라, 분노하고 불신하는 경영자 자신의 핵심감정 때문일 가능성이 훨씬 높다. 이런 일이 반복되면 부하들이 주눅들어 더 자주 실수하고, 그 결과로 있던 실력도 다 잃고 만다. 눈치 보는 부하만 늘고 상사 스타일에 맞추는 사람들이 득세하는 일이 생겨난다.

혹 직원이 마음에 들지 않으면, 또 부하들이 열심히 하지 않는 것 같으면 일단 심호흡을 하시라. 그리고 스스로 물어보는 거다. 부하들을 이런 눈으로 보는 내가 문제 아닐까. 한걸음 더 나아가 다른 사람들에게 객관적인 평가를 맡기는 것도 좋은 안전장치다.

《좋은 기업을 넘어 위대한 기업으로*Good to Great: Why Some Companies Make the Leap and Other Don't*》를 쓴 짐 콜린스*Jim Collins*의 이 말을 잊지 말자. "위대한 리더는 결과가 나쁘면 거울을 보며 자신에게 책임을 돌린다. 결과가 좋을 때는 창문 밖을 내다보며 다른 사람들에게 찬사를 보낸다."

그래도 신념을 잃지 마라

경영에도 운이 많이 따른다. 믿고 싶지는 않지만 현실적으로 그런 예가 많다. 어떤 사람이 부서를 맡으니 몇 년째 적자를 보던 사업부가 바로 흑자로 전환하는 경우도 있다. 이렇게 사주팔자와 관계없이도 경영에는 운이 중요한 요소다.

예를 들면 경영자가 미래를 내다보고 임기 중에 장기투자를 집행할 수도 있다. 그런데 갑자기 경기가 나빠지면 실적 부진으로 그 경영자가 회사를 떠나야 한다. 바로 뒤를 이은 새 경영자는 운 좋게도 경기가 회복될 때를 만나고, 전임자가 해놓은 투자가 빛을 발해 놀라운 성과를 올리기도 한다. 전임자는 운이 나쁜 것, 후임자는 운이 좋은 것일 뿐이다.

최근 세계적인 경기침체 속에서 사장 노릇을 하는 사람들은 그런 점에서는 운이 나쁘다고 할 수 있다. 사장뿐이랴, 임원이나 간부도 마찬가지다. "호황 때 이 자리에 앉았으면 참 쉬웠을 텐데" 하는 탄식이 나올 만하다. 그러나 리더의 자리란 원래 그런 것이다. 미국 인디언 속담에 "독수리는 떼 지어 날지 않는다. 그래서 한 번에 한 마리씩밖에 보이지 않는다"는 말이 있다. 리더란 자리 자체가 원래 고독한 것이라는 의미다. '하필 지금'을 탓할 이유가 없다.

호황, 불황을 우리가 조절할 수 없고, 운도 우리가 통제할 수 없다. 그러니 지금 우리가 해야 할 일은 상황 그 자체를 어떻게 보느냐다. 이왕 받아들여야 한다면 화끈하게 받아들이는 것이 좋다. 마쓰시타 고노스케는 생전에 자신에겐 3복福이 있다고 했다. 허약한 것, 못 배운 것 그리고 가난한 것이다. 허약했기 때문에 술·담배를 못해 장수하게 됐고, 못 배웠기 때문에 자신보다 나은 인재를 등용했고, 가난했기 때문에 어릴 때부터 돈에 눈을 떠 세계적인 부자가 됐다는 설명이다. 세상을 보는 눈이 이 정도는 돼야 운명이나 운 앞에서 당당한 경영자라고 하겠다.

《사기史記》에서는 "시대가 다르면 일이 다르다時異則事異"고 했다. 상황을 탓할 것이 아니라, 그 상황에 맞춰 가장 중요하고 옳다고 생각하는 일을 하면 되는 것이다. 불황이 오면 호황기 때 하던 관행을 바꾸고 불황기의 리더십을 배울 기회로 생각하면 된다. 반대로 호황이 오면 불황기에 내핍하던 습관을 떨치고 새로운 용기를 내야 한다.

이 시대 경영자라면 한 해를 시작할 때 누구나 하는 생각이 있다. 경영환경이 좋은 시절은 어느 때도 없다는 것이다. 우리가 잘할 수 있는 조건이면 경쟁사에도 좋은 조건이므로 경기가 좋다고 해서 낙관만 할 수는 없다. 그러므로 어떤 환경이든지 새로운 배울 거리가 되고, 모두의 도전기회가 된다는 점을 잊어서는 안 된다. 경영자의 눈으로 보면 언제나 난세인 셈인데 난세야말로 영웅이 나타날 수 있는 좋은 시기다. 사마천도 "천하에 재해가 없으면 비록 성인이라 할지라도 그 재능을 펼칠 수가 없다"고 했다. 혹 자신의 업종이 최악의 어려움을 겪을 환경에 빠진다면, 경영자들은 그것이 자신이 우뚝 설 수 있는 절호의 기회임을 잊어서는 안 된다.

경영이 어려운 것은 그것이 정답이 있는 문제를 푸는 것과는 질적으로 다르기 때문이다. 시장과 고객이 어떻게 변할지 알 수 없기 때문에 어지간한 노력으로 승리와 성공을 장담하기 힘든 것이 경영이다. 그래서 경영자들이 반드시 가져야 할 덕목 중에 하나가 바로 굳은 신념이다. 반드시 성공할 것이라고 스스로 굳게 믿을 수 있어야 한다. 남들이 뭐라 해도 흔들리지 말고 언젠가는 좋은 결과가 있을 것이라고 혼자 자기최면을 걸어야 한다.

많은 사람들이 비과학적이라고 비판할지도 모른다. 그러나 우리는 많은 스포츠 경기에서 실제 이 믿음의 효과를 보고 있다. 홈런을 친 선수가 경기를 마친 후 인터뷰를 할 때 "반드시 홈런을 칠 수 있다고 믿고 타석에 섰더니 공이 축구공 만하게 보이더라" 식으로 말하는 것을 들은 적이 있을 것이다. 실제로 숫자로 판가름나는 과학의 세계에도 이런 비과학적인 믿음이 놀라운 결과를 내는 일들이 자주 있다. 과학자들은 한 실험에 아주 오랫동안 최선을 다하면 언젠가는 '우연한 발견'을 할 수 있다고 믿는다. 그 우연한 발견을 '세렌디피티serendipity'라고 부른다.

과학사를 보면 이런 세렌디피티가 세상을 바꾼 사례가 아주 많다. 영국의 미생물학자 플레밍Alexander Fleming은 배양실험을 하다가 푸른곰팡이를 잘못 넣는 바람에 페니실린을 발견하게 됐다. 오늘날의 타이어를 있게 한 미국의 발명가 찰스 굿이어Charles Goodyear는 황을 녹이다가 실수로 고무 위에 황을 쏟은 덕분에 합성고무 제조법을 찾았다. 과학사에 획을 긋는 획기적인 발명들이 세렌디피티인 경우가 많다 보니 '열심히 노력하다 보면 언젠가는 빛을 볼 것'이라는 맹목적인 믿음이 과학세계에도 있는 것이다. 그런 면으로 보면 이런 믿음이 정말 필요한 곳이 바로 비즈니스 세계다. 사람이야말로 하나하나가 모두 예측할 수 없는 존재 아닌가. 기업이 생각했던 것과는 전혀 다른 방식으로 움직이는 소비자들의 행동에서 세렌디피티의 가능성은 더욱 높아질 수 있다.

　이제 막 경영자가 된 초보사장들에게 최근 몇 년은 지옥이었다. 망신스러울 정도로 초라한 성적표를 받았다. 사장이 되면 해보려고 했던 원대한 계획에도 제동이 걸리고, 자신이 생각했던 대로 시장이 움직이지 않아 불안할 뿐이다. 당신이 만일 그런 상황에 처해 있다 해도 절대 신념을 잃지 마라. 당신이 생각하는 그 계획을 믿고 실천하고 또 실천하라. 언젠가는 반드시 내 신념대로 시장이 움직일 것이라는 믿음의 끈을 절대 놓치지 마라.

　대신 잊지 말아야 할 것이 있다. '세렌디피티'가 '지성이면 감천'이란 말과 비슷한 뜻이지만 중요한 차이점이 있다. 맹목적으로 믿고 앉아 기다리기만 해서는 절대 안 된다. 아무리 사소한 것이라도 무시하지 않을 수 있어야 우연한 발견을 놓치지 않을 수 있다. 왜 실패했는지, 어떤 가정이 잘못됐는지를 추적하며 분석하라. 고객이 오지 않는 이유도, 우리 상품이 팔리지 않는 이유도 당신이 상상한 것과는 전혀 다를지도 모른다. 그 미세한 점에서 '우연한 발견'이 있을지도, 그래서 귀사에 대박이 터질지도 모를 일이다. 당신이 만일 접착제를 만들었는데 잘 붙지 않으면 어떻게 할 것인가? 잘 붙지도 잘 떨어지지도 않는 묘한 성질을 이용해 세계적인 히트상품 '포스트잇'을 만들어낸 3M을 떠올려보라.

도시에서 배워라, 고독과 다양성의 변증법

창의성의 출발은 영감이다. 뭔가 떠올라야 새로운 것을 만들어낼 수 있다. 이른바 창조경영이라는 것은 그래서 어떻게 하면 직원들에게 많은 영감을 줄 수 있는 기회를 늘리느냐에 맞춰야 한다. 옆 부서와 교류하게 하고, 다른 전공자와 대화하게 하고, 우리끼리가 아니라 고객과 함께 연구하도록 하는 식이다.

그 모델을 멀리서 찾을 필요가 없다. 많은 이들이 살고 있는 도시가 정답이다. 시골 마을에서는 피하기 어려운 관습 같은 것이 별로 없다. 도시는 우연한 창조를 가능케 하는 혁신적인 공간이다.

도시에 넘치는 것은 다양성이다. 독립적인 지식인이나 반항적인 사람의 기발한 행동을 너그럽게 봐주는 것이 바로 도시다. 사회학자인 리처드 플로리다^{Richard Florida}는 미국의 10대 하이테크연구소가 '문화적으로 가장 다양한 18대 도시' 리스트에 오른 도시에 자리잡고 있는 이유를 여기에서 찾았다. 도시가 갖고 있는 또 다른 특징은 바로 익명성이다. 무작정 도전하는 용기를 낼 수 있다. "작은 마을에선 기발한 행동을 용인하지 않지만 도시는 오히려 상을 준다."(게리 해멀) 현대를 이끌어가는 것은 스티브 잡스나 오프라 윈프리처럼 자수성가한 사람들이다. 시골이나 지역 명문가 출신이 아니라 개인의 능력을 출신 가문보다 더 중시하는 도시가 이런 사람들을 키운 것이다.

다양성과 익명성, 이 두 가지가 도시에서 경영자들이 배워야 할 덕목이다. 회사를 도시처럼 꾸며라. 다른 부서끼리 자주 만나게 하고, 칸막이보다는 사람들과 우연하게 마주칠 동선을 더 많이 확보하라. 그래야 회사에서도 우연한 창조가 폭발적으로 일어날 가능성이 높아진다. 경영자 스스로도 한없이 고독한 결정을 내리는 동시에 다양한 사회 리더들과 만나야 한다. 마치 모순처럼 보이는 이 두 가지를 얼마나 잘하느냐에 창조경영의 성패가 달려 있다.

어깨의 짐, 두려워 마라

심리학자 매슬로^{Abraham H. Maslow}의 5단계 욕구설은 개인의 성장과 관련돼 있다. '생리적 욕구' '안전의 욕구' '사회적 욕구' '존경의 욕구'를 차례로 충족하고 나면 '자아실현의 욕구'가 생긴다는 설명이다. 그 욕구 수준에 따라 인생의 질도 결정된다. 먹고사는 일이 급한 사람에게 멋을 기대하기는 어려운 법이다. 반대로 자아실현을 위해 한마디 말도 조심하는 이에게선 인생의 깊이까지 느낄 수 있다. 사람의 수준은 그러니까 그가 무엇을 하고 싶어하는가에 달려 있다고 하겠다.

기업도 다를 바 없다. 그 회사라면 떠올리기도 싫은, 이미지가 나쁜 회사도 있지만 정말 존경스러운 업체도 있다. 매슬로의 욕구단계설로 기업을 분석한 칩 콘리^{Chip Conley}는 《매슬로에게 경영을 묻다^{PEAK}》에서 기업에도 3단계가 있다고 강조한다. 가장 낮은 단계는 목표가 '생존'인 기업이다. 그다음이 '성공'이 목표인 기업, 그리고 최고 단계는 지금까지와는 전혀 다른 회사로 탈바꿈하는 수준이 목표라는 뜻에서 '변혁^{transformation}'이라고 보았다.

많은 사람들이 기업의 목표가 무엇이냐고 물을 때 '이익을 내는 것'이라고 쉽게 말한다. 또 어떤 사람들은 영리추구 자체를 저급한 것으로 보고 기업의 목표를 '사회에 의미 있는 일을 하는 것'이라고 완전히 다른 얘기를 한다. 이런 서로 다른 생각을 가진 사람은 만나면 말싸움을 벌인다. 이 논쟁은 보통의 경우 자본주의 자체에 대한 이념논쟁으로까지 번진다. 영리추구만을 기업의 목표로 보면 양극화의 문제를 해결할 길이 없고, 사회적으로 의미 있는 일을 하는 것을 기업의 목표라고 보는 사람은 설립 단계부터 그런 목표를 가진 회사들이 대부분 초기에 망했다는 사실에 논리가 궁색해진다. 이 논쟁은 기업이 성장하는 3단계를 제대로 알면 해결될 수 있다.

기업은 일차적으로는 생존이라는 절체절명의 목표를 달성해야 한다. 이 단계에서 기업은 많이 벌고 많이 남겨야 한다. 많이 벌어야 더 많은 사업을 벌일 수 있고 많이 남겨야 재투자가 가능하다. 생존기반이 확보돼야 당초 회사의 목표를 달성하는 다음 단계인 '성공' 단계에 진입할 수 있다. 이 성공 단계에서도 사회적으로 의미 있는 일을 할 수 있는 회사는 적다. 글로벌 차원의 초경쟁이 벌어지고 있는 현실에서 어떤 회사도 '이만하면 됐다'는 결론을 내릴 수 없는 게 현실이다. 최근 이건희 전 삼성회장이 한 말 그대로 "삼성전자조차도 언제든지 구멍가게로 전락할 수 있는" 것이 기업생태계의 진실이기 때문이다. 지속 가능한 성장기반을 갖춘 회사는 그다음 단계로 세상을 변화시킬 목표를 가져야 한다. 그 목표를 갖기 위해 지금까지 생존하고 성장해 온 회사의 목표를 한 단계 업그레이드시켜 변혁하려고 할 때 그 회사는 결국 사회적으로 의미 있는 일을 하게 되는 것이다.

이런 3단계를 우리나라 기업에 적용해 보면 안타깝게도 생존이 최우선 과제인 회사들이 너무나 많다. 당장 살아남는 게 절체절명의 명제다. 하기야 세계적인 업체들조차 하루아침에 무너지는 게 현실인데 이 정도의 굴욕이야 참을 만한 것일지도 모른다.

그렇다고 허탈해할 일만은 아니다. 기업의 수준은 어떤 회사가 되고 싶으냐에 달려 있음을 명심해야 한다. 지금 어려워도 목표는 높게 잡아야 옳다. 당장 생존이 급하지만 우리의 성공목표가 있어야 하고, 더 나아가 우리의 비즈니스로 세상을 더 나은 곳으로 변화시키겠다는 원대한 비전을 갖고 있어야 한다. 단순하게 애기하면 어떤 조건이 되든지 그 새로운 환경에서 놀라운 적응력을 보일 수 있는 유연한 조직을 구축하는 것이 목표가 되지 않으면 성장은 지속되지 못한다.

기업이 왜 높은 이상을 추구해야 할까. 이 애기는 제4장에서 자세히 다루겠지만 우선, 가장 중요한 이유는 기업을 둘러싼 이해당사자stakeholder들의 수준이 엄청나게 높아졌다는 데 있다. 기업들은 이제껏 종업원, 고객, 투자자, 파트너, 사회 등 이해당사자들을 우리의 경영과는 큰 상관이 없는, 아니면 우리가 경영을 잘하면 그 과실을 같이 나눠 갖는 2차적인 존재로만 대해 온 경향이 있다. 그들이 원하는 수준을 비교적 낮다고 잘못 알아 소홀히 대해 왔다는 애기다.

예를 들면 주주들은 오로지 배당만 많이 해주면 좋아할 줄로 알았다. 그러나 주주들은 이제 달라졌다. 배당보다 자신이 투자한 회사와 친밀한 관계를 맺고 싶어하고, 나아가 그 회사에 투자한 것에 자부심을 느끼고 싶어한다. 종업원들의 수준도 높아졌다. 오로지 급여나 복리후생을 따지는 데서 한걸음 더 나아가 인정받고 싶어하고, 일에서 의미를 찾으려는 사람도 늘고 있다.

사람들은 변했다. 고령사회가 되면서 점점 의미를 중시하는 사람들이 많아지고, 이들이 인터넷을 통해 막강한 힘을 발휘하고 있다. 높은 뜻을 가진 고수 기업의 수준을 알아보는 사람들이 그만큼 늘었다는 얘기다. 당장 생존이라는 절체절명의 과제를 해결해 가면서도 동시에 회사로서 성공하고, 세상에 공헌하는 멋진 비전을 키워가는 '고수高手' 회사의 길을 걸어야 옳다.

고수와 하수는 백지 한 장 차이이다. 한 회사가 고수로 보이는 것은 모든 직원에 의해서라기보다는 경영자의 스타일에 좌우되는 경우가 많다. 합리성을 중시하는 경영에도 인간적인 면이 있게 마련인데, 그건 한마디로 최고경영자의 스타일과 직접적으로 연관돼 있다. 그 스타일에 경험이 쌓이고 세월이 더해지면 사풍 또는 기업문화가 되는 것이다.

모든 것이 전산화되면서 경영이 숫자만 대입하면 답이 나오는 자동 시스템처럼 보이지만, 같은 조건에서도 분명히 성공하는 회사가 있고 망하는 기업이 있다. 경영능력이 문제이기도 하지만 스타일 때문이기도 하다. 성격이 급한 사장이 지휘하는 회사

교만이 병이다, 잘나갈 때 조심하라

옛 선비의 공부는 달랐다. 더 나은 인간이 되기 위한 공부를 더 중시해 이를 수양이라고 불렀다. 군자론도 같은 맥락이었다. 군자는 내가 닮아야 할 이상적인 인간, 소인배는 내가 그러지 않도록 경계해야 할 못난 인간의 전형이었다. 남을 평가하기 위해서가 아니라 스스로 인격을 닦기 위한 지침이었을 뿐이다. 이렇게 스스로 경계하는 수양을 중시한 것은 인간이란 현재에 만족해 안주할 가능성이 많다고 믿었기 때문이었다.

선비들의 방식에서 현대의 비즈니스도 배울 것이 있다. 언제든 잘못될 가능성이 있다고 믿고 스스로 경계하는 일이다. 기업도 지금에 만족하고 교만해지기 쉽다. 한 업종 안에서, 한 해 장사를 잘하면 앞으로의 성공도 보증해 주는 것으로 믿게 된다는 것이다.

회사에서의 교만은 무엇인가. 시장이 바뀌고 있는데, 고객이 변하고 있는데, 스스로는 변하지 않아도 된다고 생각하는 것이다. 한번 성공한 기술, 잘 팔린 상품이면 계속 그 영화를 유지할 것으로 믿는 건 순진한 것과는 거리가 멀다.

2005년께 도산한 독일의 필름회사 AGFA가 그랬다. 묘한 것은 바로 전해 이 회사는 137년 역사상 최고의 매출을 올렸다는 사실이다. 디지털 기술이 세계를 강타하고 있는데도 이 회사는 그 변화에 눈을 감았다.

중국 전국시대, 제후국 가운데 어느 나라가 가장 먼저 멸망할 것인가라는 질문에 위나라의 재상 이극李克은 오히려 승승장구하던 오나라를 꼽았다. 그 이유는 이랬다. "승리 횟수가 많아지면 군주는 교만해지고, 자꾸 싸우면 백성들은 곤궁해진다."

직원들이 작은 성공에 만족할 때 어떤 미래가 올지 두려워하며 잠을 못 이뤄야 경영자다. 선비의 풍모도 그때 나온다.

는 덤벙대다 실수하는 경우가 많고, 까다로운 회장이 간섭을 많이 하는 대기업 그룹은 모든 면에서 칼바람이 분다.

이런 스타일 차이는 평소에는 티가 안 난다. 그러나 위기의 시대에는 존망을 가르는 중요한 요인이 되기도 한다. 경제위기 시대를 건너기 위해선 어떤 스타일을 갖춰야 할까. 우선 큰 방향을 얘기하면 대담하거나 깐깐하거나 둘 중 하나의 방향을 택해야 한다. 큰 꿈을 갖고 도전하거나, 반대로 현금 확보를 목표로 최대한 몸을 낮춰야 한다는 얘기다. 어느 쪽도 확실치 않게 어정쩡하게 가다간 훗날도 도모하지 못하고 고생만 할 가능성이 높다.

대담한 방향은 큰 목표를 세우는 것을 말한다. 위험보다는 기회를 더 높이 보고 도전과제를 정해 달려드는 용기가 있어야 한다. 남들이 사람을 줄일 때 더 많이 뽑고, 국내로 돌아올 때 해외로 나가며, 지금이 아니라 5년 뒤를 목표로 투자하는 회사들이 이쪽이다. 크게 성공할 가능성이 있지만 한 번에 망하기도 한다.

깐깐한 스타일은 철저히 보수적인 자세로 일관하는 것을 뜻한다. 외환위기 이후 인수·합병 기회를 잡은 기업의 상당수는 그 이전에는 한 푼 한 푼 철저히 따지며 현금을 많이 확보했던 회사들이었다. 그러나 보수적인 자세로 투자를 게을리 하다간 큰 기회를 놓칠 가능성이 높다.

이 두 방향 가운데 고수 회사가 되기 위해선 어떤 것이 나을까. 결국 회사 스타일에 따라 갈리겠지만 굳이 택하자면 대담해지는 것이 낫다.

율곡 선생의 이 말은 회사에도 그대로 적용된다. 뭔가 새 일을 자꾸 벌이려는 회사에는 기회가 생기지만 움츠리고 있는 조직에는 부정적 에너지가 훨씬 빨리 퍼진다. 대담한 모험을 벌이는 것이 너무 위험스러워 보이면 도전을 위한 작은 회사를 만드는 방법도 있다. 사내벤처가 이때 도입하기 가장 좋은 제도다.

지난 몇 년 사이 또 한 번의 경제위기로 벼랑 끝에 내몰렸던 사람들이 이제 서서히 나름의 방법론을 모색하기 시작하는 때가 됐다. 이럴 때 중요한 것이 방향성이다. 대담하거나 깐깐하거나 둘 중 하나를 분명히 해야 하지만, 정부를 포함해 영향력이 큰 회사들은 이왕이면 대담한 방향을 잡아야 한다. 그래야 투자가 늘고 일자리가 생기고 훗날을 도모할 수 있다. 당시 조그만 회사에 불과했던 일본의 마쓰시타가 1932년 발표한 장기계획은 무려 250년짜리였다.

회사는 경영자를 포함한 리더들만의 것이 아니다. 상층부가 아무리 변화를 외쳐도 직원들이 따라주지 않으면 앞으로 나아갈 수가 없다. 특히 요즘 직원들은 예전의 직원들이 아니다. 좀 심하게 얘기하면 '절실함'을 찾기가 어려워졌다. 일본에서 10여 년 전부터 나타나기 시작한 '하류下流'들이 이미 우리 직장사회에도 나타나기 시작했다. 고수 회사를 만들기 위해서는 이런 직원들의 특성을 제대로 알고 잘 이끌어야 한다. 직원들이 앞장서 실천하지 않으면 계획과 비전이 아무리 훌륭해도 무용지물이다. 하류 회사, 하수 회사가 될 뿐이다.

일본에서 이미 나타났고 우리 직장사회에서도 그 기미가 보이는 '하류'는 어떤 사람들인가. 그들은 그날그날 편히 살고 싶고 모든 일이 귀찮고 외출하기 싫으며 온종일 인터넷을 하는 경우가 많은 젊은이들이다. '하류'의 가장 두드러진 특징은 '무의욕'이다. 일할 뜻도 소비할 생각도 없다. 남들과의 의사소통 기술은 물론 생활력도 부족하다. 경쟁과 조직생활을 싫어하기 때문에 대기업 사원을 별로 부러워하지도 않는다.

일본에서 하류계층이 나타나기 시작한 것은 10여 년 전 거품경제가 붕괴되면서 대졸자들에게 돌아갈 일자리가 급격히 줄어들면서다. 하류들은 할 수 없이 이곳저곳을 옮겨다니며 아르바이트를 하는 프리터freeter, free+arbeiter족이 됐다.

이들은 1970년대 이후 일본의 제2 베이비붐 때 태어나 비교적 풍요롭게 자랐지만 막상 사회생활을 하기 시작할 때부터 불운을 겪은 경우다. 거품이 꺼지면서 취업이 어려워졌지만 풍요롭게 자랐기 때문에 신분상승 욕구도 크지 않다. 일보다는 노는 것을 훨씬 더 좋아한다. 이런 하류계층이 늘어가면서 나라 전체가 하류화되고 있다는 지적은 일본엔 큰 충격이었다.

'하류사회'가 우리 사회에도 큰 충격파를 던지는 이유는 우리 사정도 별반 다를 게 없기 때문이다. 심각한 것은 이런 '하류화'가 기업이나 각종 조직, 기관, 단체 등 직장사회에도 빠른 속도로 번져가고 있다는 점이다. 새로운 일이나 큰일을 벌이려 하지 않는 '무의욕' 증세가 예전과는 비교할 수 없을 정도로 늘었다. 성과 중심의 문화가 잘못 정착되면서 달성하지 못할 '큰일'보다는 성과를 금방 낼 수 있는 '만만한 일'을 벌이는 경우가 많아졌다. 정당한 부富까지도 죄악시하는 사회 분위기도 빠뜨릴 수 없다. 부자가 되겠다는 꿈, 글로벌기업의 야망을 키우는 배포는 이미 위축되기 시작했다.

이런 데다 젊은 직원들이 '하류적' 경향까지 보이니 회사는 점점 더 무기력하고 고만고만한 '하류조직'으로 변할 가능성이 높아지고 있는 것이다. 실제 기업체 사장들을 만나보면 "돈으로도, 인사로도 통제되지 않는 것이 요즘 직원"이라는 말을 쉽게 들을 수 있다. '일류'를 목표로 객기를 부리는 '촌놈'들을 만나기 어렵다고들 입을 모은다. 최근 수년 사이 기업들이 '핵심인재'에 대한 관심이 부쩍 늘었던 건 바로 '하류화'에 대한 반작용이었다고 할 수 있다.

하류화가 걱정되지만 뒤집어보면 일류를 꿈꾸는 기업이나 개인들에겐 그만큼 기회가 많은 시대가 열리는 셈이기도 하다. 직원들을 일로 흥분시킬 수 있는 경영자와 기업에는 그만큼 더 큰 성공이 기다리고 있다는 얘기다. 가장 중요한 것은 지금 직원들의 수준과 정신상태를 냉정하게 인정하는 일이다. '우리 때는 안 그랬는데'는 통하지 않는다. 경영자들이 이끌 부대의 전력 수준이 그렇다는 것을 인정하고 거기에 맞는 처방전을 낼 수 있어야 한다.

우리 시대의 경영자는 예전과는 비교할 수 없는 경영환경 속에 산다. 각종 전산 시스템은 경영 프로세스를 한결 간편하게 만들었다. 일상적인 경영활동은 너무나 편해졌다. 한 직원의 입사 이후 평가도, 특정 제품의 판매동향도, 국제 원자재값의 장기 트렌드도 클릭 한 번으로 다 볼 수 있다. 전자결재 덕분에 이제 사장실 앞에 늘어선 줄도 점점 줄어들고 있다. 문제는 이 모든 것이 경영자에게 더 큰 짐을 준다는 사실이다. 이제 경영자가 할 일은 도장을 찍는 일이 아니다. 생존을 넘어서 성공하고 세상을 바꿀 수 있는 큰 비전을 갖는 일, 지속 가능한 성장기반을 닦는 일 같은 큰일이 경영자 몫이 됐다. 종업원은 물론 많은 사람들에게 존경받을 만한 회사로 키워내는 일도 이제 경영자의 과제다. 스스로 고수가 돼야 하고, 그만큼 노력해야 하는 막중한 짐이 우리 시대 경영자의 어깨 위에 놓여 있는 것이다.

Reflections on

바꾸는 세상, 달라진 성공법칙

제2장

인류가 경제성장을 경험한 것은 겨우 200년 남짓밖에 되지 않는다. 그러나 그 사이 너무 성장하는 바람에 21세기쯤 와서는 저성장에 빠졌다. 우리가 경험한 두 세기는 너무나 다르다. 20세기의 성공법칙이 21세기에 와서는 통하지 않는다. 새로운 환경은 새로운 성공법칙을 부른다. 다시 맞은 놀라운 성장의 시대, 경영자에겐 어떤 준비가 필요할까.

100년 묵은 경영방식이 통할까?

하루 아침은 휴대폰 알람으로 시작된다. 차를 타면 DMB(디지털 멀티미디어 방송)로 뉴스를 본다. 일의 시작은 컴퓨터요, 컴퓨터의 시작은 인터넷이다. 우편 연하장 대신 이메일카드가 날아온다. 노래도 MP3로 듣고 술 마신 저녁 콜택시는 휴대폰 한 통이면 달려온다. 연말 자동차세도 저녁에 인터넷뱅킹으로 간단히 해결한다. 우리는 이미 'e좋은' 디지털 세상에서 너무나 익숙하게 산다.

디지털 세상의 중심은 단연 인터넷이다. 인터넷은 이전의 어떤 기술이나 기기와도 비교할 수 없는 장점을 너무나 많이 갖고 있다. 인터넷은 모든 디바이드^{divide}(격차)를 해결할 수 있는 도구다. '교육 디바이드' '정보 디바이드'는 물론 '연령 디바이드' '성별 디바이드' '권력 디바이드' '부의 디바이드'도 인터넷이 다 풀어낼 것이다. 이제 산간벽지에서도 미국 명문대학의 강의를 들을 수 있고, 시골에서도 세계의 음악을 접할 수 있다. 인터넷이 휴대용 통신기기와 결합되면서는 더 많은 일이 벌어지게 됐다.

전 세계 인구의 25%가 인터넷을 쓰고 있다. 세계적으로 40억 개의 휴대폰이 쓰이고 있다. 휴대용 전자기기들은 인터넷, 전화기, 카메라, 음악재생기, TV, 도서관의 기능을 혼합해 제공하고 있다. 사이버 공간이 문명의 새로운 매체가 되면서 박애주의부터 조직범죄까지 모든 범주의 인간행태가 새롭게 싹트고 있다. 인터넷 사용자들에 의해 가상공동체들이 만들어지고 있고 이를 기반으로 새로운 문화가 창조될 것이다.

—《유엔미래보고서2》

우리는 이제 언제 어디서든 소통할 수 있고, 연결^{connected}될 수 있다. 세상 속에 있는 정도가 아니라 세상 속 어디와도 통할 수 있게 됐다. 물론 전제가 있다. 플러그드^{plugged}, 즉 각종 기기와 연결될 때만이 이 모든 것이 가능해진다. 선^{line}이 있든 선이 없든 우리는 무엇인가에 의지해 있어야만 세상과 소통할 수 있는 것이다. 그러니까 현대인의 고독은 어쩌면 혼자 있을 때가 아니라 휴대폰 배터리가 떨어졌을 때일지도 모른다.

세상과 꽁꽁 묶여 연결된 이런 삶이 과연 행복과는 어떤 연관이 있을까. 전체적인 삶의 질은 향상될지 몰라도 인터넷은 부작용을 낳기도 한다. 사람들에 대한 정보가 인터넷을 통해 대부분 검색되니 예전에 헤어졌던 사람들을 '할 수 없이' 다시 만날 때도 많다. 서로 친하게 지내다 연락이 갑자기 끊겨 못 만나게 된 경우를 제외한다면, 같은 학교 동창인데도 이후 자주 만나지 않았다면 서로에게 끌리지 않았던 것이 가장 큰 이유일 것이다. 그런 '자연적인' 질서를 억지로 거꾸로 돌려놓으면 문제가 생긴다. 별로 친하지도 않던 동창생의 장인 부음까지 문자로 받아야하는 세상이다. 이메일로 온 연락을 못 받았다고 둘러댈 수도 없다. 수신확인까지 되는 시대 아닌가.

삶의 순간에는 바람처럼 흘려보내고 싶은 일들도 있는 것이다. 이렇게 촘촘히 연결돼 있으니 몇 년 후면 나의 모든 기록이 누군가에 의해 재생되고 복제되고 검열될지도 모를 일이다. 이미 우리의 일상에는 내 개인 일 아니고도 행복과 공포가 공존해 있다.

그러나 이미 우리는 연결돼 있다. 우리의 비즈니스도 일상도 모두 인터넷과 각종 디지털 기기를 떠나서는 이뤄지지 않는다.

어쩌면 우리의 모든 스트레스는 그러니까 바로 이 '연결'에 있는 지도 모른다.

미래학자들은 미래 인류의 진정한 휴가를 언플러그드^{unplugged}로 보고 있다. 어디에 있든 인터넷 없고 전화가 없으면 바로 해방이요, 자유라는 것이다. 여기다 TV도 없고 라디오를 들을 차도 없으면 더할 나위 없다. 언플러그드 그 자체가 몸과 마음에 안식을 주는 휴가인 것이다. 개인들의 삶은 이렇게 달라졌다. 20세기와는 전혀 다른 개인의 삶이 펼쳐지고 있는 것이다. 경영자인 당신이 상대하고 있는 소비자 한 명 한 명은 바로 이런 변화된 삶에 노출된 개인들인 것이다.

달라지기는 시장도 마찬가지다. 개인 한 명씩을 볼 때는 연결 자체가 부담일이지 몰라도 기업하는 입장에서 개인을 볼 때는 이런 연결성과 디지털 기술이 오히려 소비자의 위치와 역량을 더욱 강화시켜 주는 측면이 있다. 이제 소비자는 단순한 소비주체가 아니다. 생산도 하면서 소비도 하는 주체라는 의미에서 프로슈머^{prosumer}로 인정해야 한다. 최근에는 비슷한 말이지만 한 단계 더 나아간 컨슘오서^{consum-author}라는 말도 나왔다. 소비자^{comsumer}인 동시에 콘텐츠의 저자^{author}라는 의미다. 프로슈머에 비해 컨슘오서는 패션, 서비스 같은 감성적인 상품 냄새가 더 짙게 배어 있다.

컨슘오서들은 디자이너들이 '던져주는' 옷을 사 입는 것이 아</p>

니라 스스로 트렌드를 창조하고 각자의 개성을 표현하고 싶어한다. 그런 사람들이 늘어나면서 그들이 원하는 것이 트렌드가 돼 디자이너들의 작업에 오히려 영향을 끼친다. 상품 기획자는 이제 소비자를 수동적인 인물로서가 아니라 스스로 유행을 만들어가는 주체로서 대해야 한다.

컨슈오서는 이탈리아 최고의 디자인 스쿨 도무스 아카데미Domus Academy의 부설 연구소가 고안한 개념이다. 자, 그들이 말하는 컨슈오서는 도대체 어떤 집단인가. 컨슈오서의 유형은 10가지다. 이름만 나열해 보면 이렇다. 우아한 10대Posh Teens, 자기표현형 10대Expo Teens, 멀티플레이어 집단Linker People, 개성 있는 외동들Unique Sons, 신감각 여성집단Sense Girls, 지적인 중년층Mind Builders, 독립적인 여성들Singular Women, 사치스런 남성들Deluxe Men, 규범 파괴자들Normal Breakers, 탐미적인 노년층Pleasure Growers 등이다. 우리말로 번역하기가 낯설 정도로 새로운 분류다.

특히 관심을 끄는 중장년 집단 가운데 2개만 보자. '독립적인 여성들'은 자신감에 넘쳐 약간은 거만하기까지 한 새로운 여성 그룹을 말한다. 나이는 35~50세로, 전형적인 집단이 브라질에서 이미 나타나고 있다. 이들의 소비를 이끌어내려면 창의성 넘치는 예술적인 용어로 다가가야 한다.

'탐미적인 노년층'은 나이가 60이 넘은 사람들 가운데 성숙한 경험을 바탕으로 예전부터 자신이 간직해 온 이상을 다시 추구하는 사람들이다. 이런 집단은 나라로 보면 미국에 가장 많고, 레저나 취미에서도 쾌락적인 동시에 지적인 경험을 높일 수 있는 것을 선호하는 경향을 보인다.

"중장년이 대세다" "여성 소비자를 주목하라"고만 할 것이 아니라 한 걸음 더 나아간 개념을 제시해야 한다는 강박관념을 갖고 있던 터라 컨슈오서라는 개념이 더 와 닿았다. 프로슈머의 시대가 금방 개막된 것처럼, 컨슈오서의 시대도 이미 우리 옆에 와 있다는 느낌이 들지 않는가.

직장에서 일하는 환경도 앞으로 얼마나 빠르게 바뀔지 예상하기 어렵다. 과연 모든 사람들이 지금처럼 같은 사무실에 앉아서 일할까? 걸으면서도 인터넷이 되고 영상으로 회의까지 하는 이 시대에 말이다.

영국의 다국적기업인 BT^{British Telecom}는 유연근무제를 실시한다. 이 회사의 유연근무제는 자극적인 이름이 더 유명하다. 바로 '애자일 워킹^{agile working}', 즉 민첩근무제다. BT가 이 제도를 도입한 데는 두 가지 목적이 있다. 첫째는 직원 개인에게 가장 적합한 근무제도를 찾아주자는 것이었고, 두 번째는 저탄소 녹색성장을 실천하겠다는 회사 차원의 고려였다.

BT의 전 세계 10만여 근무자 가운데 1만 2천여 명이 집에서 일하고 있다. 6만 5천 명은 다른 유연근무제도를 활용하고 있다. 2007년 한 해만 해도 전 직원이 전화나 인터넷, 비디오로 회의

한 건수만 75만 건에 달했다. 성과는 놀라웠다. 생산성이 31% 높아졌고 고객만족도가 8% 상승했다. 직원 결근율이 63% 줄었고 종업원 만족도는 14% 높아졌다. 출산휴가 후 복귀율이 90%에 달했는데, 이는 영국 기업 평균 70%에 비해 큰 차이가 나는 수치다.

우리나라에서도 이 변화는 그대로 일어나게 돼 있다. 정부가 추진하고 있는 '스마트워크' 계획에 따르면 2015년까지 전근로자의 30%가 유연근무제 등 스마트워크 방식으로 일하게 될 전망이다.

이미 시장과 그 속의 사람들은 이렇게 바뀌어가고 있다. 당신의 회사는 어떤가. 혹시 세상과 시장과 소비자의 변화에 상관없이 예전의 성공공식에 사로잡혀 있는 것은 아닌지. 제도가 바뀌면 시장이 변한다. 어제의 1등이 승리를 자신할 수 없다. 게임의 룰이 달라지기 때문이다. 대신 어제의 패자에게도 기회가 생긴다. 제도뿐 아니다. 주도 기술과 미디어가 바뀌어도 비슷한 일이 일어난다. 애플의 아이폰, 아이패드를 보라. 새로운 기기가 나오면 시장은 요동을 친다. 바람을 잘 타서 혁신에 성공한 기업이 갑자기 나타나고, 큰 물결에 눈 감았다가 서서히 사라져가는 회사들도 늘어난다.

도요타의 예를 다시 생각해 보자. 도요타는 혁신기업의 상징이었다. 경영학 교과서에 나오는 '가이젠改善'은 도요타 산産이

다. 이 회사가 현장개선 활동인 가이젠을 더욱 발전시켜 1999~
2004년 획기적 원가절감 운동인 'CCC 21'프로젝트를 벌였을 때
도 세계적으로 주목을 받았다. 이 운동을 통해 볼트 하나까지도
세계에서 가장 싸게 조달할 수 있게 되면서 30% 가까운 원가절
감에 성공했다.

문제는 품질. 단순히 싼 부품만으로는 승부할 수 없다고 판단
한 도요타는 2006년 말 '가쿠신革新'으로 키워드를 바꿨다. 품질
을 높이면서도 원가를 절감할 수 있는 가치혁신Value Innovation(블루
오션 전략의 원래 이름)에 돌입했다. 가치혁신은 고객이 원하는
가치를 만족시키는 것이 최우선인 만큼 도요타는 디자인 혁신에
신경을 쓰는 동시에 비용은 아웃소싱이 골자인 공정혁신으로 낮
출 수 있다고 믿었다.

초기에 이 운동의 성과는 분명 있었다. 원가를 해마다 27억
달러 이상 줄일 수 있을 것으로 기대하고 계속 밀어붙였다. 블루
오션 전략의 가장 중요한 명제인 '가치는 높이고 비용은 낮추는
활동의 동시 추구'에 충실했던 것이다. 그런데도 미국시장을 중
심으로 한 충격적인 대규모 연쇄 리콜사태를 맞으며 결국 도요
타의 혁신은 실패로 끝나고 말았다. 정말로 경영혁신 무용론이
나올 판국이다.

경영혁신론은 환경에 적응하는 것이 대명제인 기업에 적용하
는 만큼 상황 변화에 입각한 유연한 대처가 필수적이다. 성과를

거뒀다고 그 방법이 절대적이라고 믿어서는 안 된다. 품질경영에 익숙한 일본 내 공급 네트워크와 비교할 때 일본 외 나라에 있는 공급처 품질을 보장할 방법은 적었다. 전 세계가 혁신기업의 상징으로 추앙해 마지않던 도요타 같은 회사도 하루아침에 위기를 맞는 시대가 현재진행형으로 우리 앞에 있다.

신기술이자 새로운 주도 미디어인 인터넷이 상용화된 지 20년. 전 세계적인 부의 재편이 이뤄지고 있는 현장을 우리는 목격하고 있다. 이처럼 많은 신생기업들이 한꺼번에 쏟아져나오는 것이나 또 그 가운데 상당수가 몇 년 만에 세계적 기업으로 우뚝 서는 일을 예전에는 상상하기조차 힘들었다.

부의 재편시대에는 성공의 키워드가 달라진다. 새로운 시대의 성공 코드는 바로 적응, 그것도 아주 빠른 적응이다. 기술변화 사이클이 짧아지고 업종을 넘나드는 경쟁이 벌어지는 시대에 가장 위험한 것은 오히려 과거의 성공이다. 앞에서 과거의 성공경험을 우상화해서 그 경험이 어디서든지 또 통하리라고 믿는 것을 휴브리스hubris라고 했다. 기존 기업들이 휴브리스에 빠져 적응의 필요성을 잊고 있을 때 이제 막 생긴 기업이 달려 나간다. 신생기업은 휴브리스라고 부를 만한 성공경험이 없기 때문에 새롭게 변신하며 그 결과 신시장을 개척할 수 있는 것이다. 까탈스럽고 고집스런 '난초'(난을 사랑하는 분들은 난은 풀이 아니기 때문에 난초라고 부르는 것조차 싫어한다는 것을 잘 알고 있다. 그러나 지금은 잡초에 비유해 이리 쓰는 것이니 이해 바란다) 같은 기업을 제치고 언제 어디서나 살아남을 수 있는 '잡초' 같은 회사가 기회를 잡는 험한 시대를 우리는 산다.

당장 우리 주변의 사례로 은행과 보험사를 비교해 보자. 2009년부터 자본시장통합법이 시행되면서 은행, 보험, 증권, 카드사 등을 가르고 있던 업종의 벽이 무너졌다. 전체 성과는 여러 가지로 비교해야겠지만 우선 은행원과 보험맨 가운데 누가 상품영업을 더 잘할지는 대충 짐작할 수 있다. 은행은 앉아서 손님을 받아왔지만, 보험은 새 손님을 찾아다녔다. 학교 동창을 만나면 은행원들은 대출 부탁을 받았고, 보험맨들은 보험 들어달라고 허리를 굽혔다. 은행이 농민적 근면성을 자랑한다면 보험은 유목적 저돌성이 무기였다. 은행원은 난초요, 보험맨은 잡초라고 하면 지나친 비유일까.

공무원과 회사원을 비교해 봐도 다를 바 없다. 오래 근무할 수 있다고 경쟁력이 그 세월만큼 올라가는 것이 아니다. 대개의 경우 중년 창업에 성공한 사람들은 회사에서 일찍 '잘린' 사람들이다.

최근 10년 사이 세상을 놀라게 한 벤처기업들은 처음에는 모두 잡초였다. 돈 버는 것은 고사하고 생존이 절실했기 때문이다. 사무실에서 새우잠을 자며 야근을 밥 먹듯 했다는 벤처기업들의 창업 초기 역사는 전 세계 공통이다. 그 절실함이 뚜렷한 목표를 갖고 전진할 수 있는 동기가 됐다. 거대기업은 경영자가 아무리 외쳐도 생존에 대해 별로 의문을 품지 않는다. 강한 자가 살아남는 것이 아니라 살아남는 자가 강하다는 사실을 우리는 잡초에서 볼 수 있다.

험한 시절에는 고고한 난초가 아니라 터프한 잡초가 돼야 옳다. 팔기 위해서는 기다리지 말고 가고, 오지 말라고 해도 가야 한다. 아무리 좋은 제품이어도 팔리지 않으면 실패라는 생각을 할 수 있어야 연구를 위한 연구, 공급자 중심의 상품기획 같은 대기업병도 쓸어버릴 수 있다. 경영의 키워드를 봐도 생산의 시대, 마케팅의 시대 다음은 바로 영업과 세일즈의 시대다. 거친 생명력이 성공 키워드가 됐다. 전제부터 성공공식까지 과거와는 완전히 다른 21세기가 펼쳐진 지 이미 10년이 넘었다. 20세기 회사로는 이제 경쟁할 수 없다.

부의 재편, 기회가 시대가 왔다

Y2K$^{year\ 2000}$를 기억하는지. 새 천년이 시작되면 컴퓨터가 1900년과 2000년을 구분하지 못하는 바람에 많은 문제를 일으킬지 모른다며 난리를 피우던 일 말이다. 그게 벌써 10년도 더 된 일이다.

10년 사이 세상은 완전히 달라졌다. "지금 당신이 알고 있다고 생각하는 것들이 미래엔 모두 잘못된 것일지도 모른다"(MIT 미디어랩 이사장 니콜라스 니그로폰테^{Nicholas Negroponte})는 말을 실감할 정도 아닌가. 삐삐가 없어지고 필름 카메라가 사라지고 모든 것이 휴대폰 하나로 해결될 수 있는 이 시대를 우리는 놀라지도 못한 채 살고 있다.

비즈니스 세계는 글자 그대로 격변을 겪었다. 신생회사가 나타나 10년도 못 돼 세계 초일류기업 반열에 오르는 것은 지난 세기에는 상상할 수 없었던 일이다. 구글이나 네이버 같은 회사를 보면 이제 이런 말을 할 수 있을지 모른다. "상상할 수 없는 폭발적 성장이 가능해졌다."

변화가 너무 빠르면 변화하는 것 자체가 위험한 일이 된다. 그러니 지난 10년간 한 일이 별로 없다고 해도 너무 괴로워 마라. 차라리 도약을 위한 생존기반을 확대했다고 자위하는 게 나을 것이다.

인류가 이른바 '성장'을 경험한 지는 200년 남짓 되었다. 그 이전 수백만 년 동안에는 모든 것이 개인이 들이는 노력의 합에 지나지 않았다. 산업혁명을 계기로, 또 개인들이 모여 시너지를 발휘할 수 있는 조직인 회사가 출현하면서 인류는 눈에 띄는 성장을 거두기 시작했다. 19, 20세기 놀라운 성장을 경험한 인류는 그러나 그 놀라운 생산성과 발전 때문에 오히려 공급과잉에 빠졌다.

21세기에 들어오면서 전 세계가 성장 드라이브를 건 데는 이런 연유가 있다. 나라나 회사나 개인이나 모두 어떻게 하면 계속 성장할 것인가를 화두로 삼았다. 짧은 경제성장의 역사에서 주인공은 나라도 아니었고, 개인도 아니었고, 업종도 아니었다. 눈에 띄는 놀라운 성장은 대부분 기업, 그중에서도 기존 업종의 한계를 넘어서 새로운 업역業域을 만들어낸 혁신기업들이 주도했다. 기존 업의 영역을 넘어 새로운 업역을 만들어낸 기업들을 우리는 블루오션 개척자라고 부른다. 지금까지 없던 새로운 시장을 개척했다는 의미에서, 또 이전 업종에서 상식화한 경쟁을 무의미하게 만들었다는 점에서다. 지난 200년은 수많은 블루오션 개척자들이 나타나 새로운 업종을 만들고 후발 경쟁자들이 앞다퉈 뛰어들면서 그 업종이 레드오션으로 바뀌고 또 다른 블루오션 개척자들이 새 업종을 만들고……. 그 사이 세계는 21세기를 맞았다.

이미 10년이 지난 21세기는 그러나 세계적인 공급과잉 덕분에 성장 자체가 과연 가능한지 의심스러울 정도로 세계가 혼란에 빠진 시기였다. 그리고 세계적인 경제위기와 이에 따른 경기침체가 심심찮게 나타나고 있다. 가까이만 봐도 2008년 하반기 미국발 경제위기와 이에 따른 세계적인 불황과 경기침체는 우리에게도 큰 영향을 주고 있다.

문제는 이런 시대라고 해서 무조건 움츠리고 있어서는 안 된다는 것이다. 특히 우리나라의 경우는 20세기 말 동남아 외환위기 와중에서 경제위기를 겪은 아픈 경험 때문에 더욱 위축되는 경향이 있는 게 사실이다. 분명한 것은 세계적인 위기의 와중에서 새로운 기회의 시대도 동시에 열리고 있다는 것이다. 부의 재편이라는 큰 트렌드 속에서 기회를 놓쳐서는 안 된다.

인터넷을 통해 진정한 글로벌 경영이 가능해진 이 시대는 신항로 개척으로 세계가 하나로 연결된 15세기 대항해시대에 비견할 수 있다. 당시 해상권을 둘러싼 전쟁이 시작됐고 빠르고(포르투갈, 스페인) 배포가 큰(네덜란드) 나라들이 승리의 주역이 됐다. 새로운 대항해시대라고 부를 만한 이 글로벌·인터넷 시대에 기회를 잡으려면 경영자들도 마찬가지로 스피드와 비전으로 무장하고 큰 전쟁에 나서야 한다.

쉽게 풀어보자. 우선 중요한 것이 기회를 보는 눈이다. 어려운 시절이라고 해서 모두가 어려운 건 아니다. 불황이 닥쳐 부동산 가격이 하락하면 대출을 많이 받아 집을 샀던 사람은 고통을 받지만, 더 살 수 있는 여력이 충분한 이에게는 싼값에 자산을 늘리는 기회로 활용할 수 있다. 주식도 다를 바 없다. 누군가는 반토막이 나서 괴롭지만 또 다른 사람은 2배로 사 모을 수 있게 됐다며 쾌재를 부른다.

불황기는 이렇게 논리상 부의 양극화가 심화되는 시기다. 최근 몇 년 사이의 상황을 보면 양극화를 크게 넘어서 전면적인 재편 현상이 벌어지고 있다. 150여 년 역사의 리먼브러더스가 쓰러지고 미국의 상징이었던 GM이 휘청거리는 위기의 시대 한켠에서 10여 년 전에만 해도 이름조차 알려지지 않았던 구글, 알리바바닷컴, 세컨드라이프닷컴 같은 젊은 기업들이 약진하고 있다. 국내에서도 최근 10년 사이 네이버, 다음 등 벤처기업들이 비즈니스의 중심으로 우뚝 섰다.

국내 대기업 간에도 10여 년 전 경제위기 이후 부의 재편이 이뤄졌다. 이 경우에는 호황기에 지렛대 효과를 통한 성장을 목표로 과감하게 부채를 떠안았던 기업들이 그 빚 때문에 유동성 위기에 몰려 하루아침에 경영권을 잃게 되는 비교적 간단한 논리가 작용했다. 현금만으로 사업을 해온 구두쇠 기업들이 이때 빛을 본다. 무리하게 사업을 확장했던 기업들이 쓰러진 그 자리에 기회를 노리던 후발 기업들이 자리 잡게 되면서 부의 재편이 일어나는 것이다. 10여 년 전과 다른 점이 있다면 지금은 전 세계적인 범위에서 부의 재편이 일어나고 있다는 사실이다.

부의 양극화가 아니라 부의 재편이 일어나는 이 변화의 근본 동인에 대한 여러 가지 시각이 있다. 대표적인 시각은 국가적인 차원의 경쟁에서 예전 채무국들이 급속히 성장하면서 전 세계 경제력 및 영향력에서 근본적인 변화가 일어났다고 보는 것이다. 또 금융기법이 발달하면서 금융시장 진입 장벽이 사실상 없어져 시장 참여자들이 예측하기 어려운 변화가 일어나기 때문으로 보는 시각도 적지 않다. 여기에 세계적인 고령화로 소비의 중심이 중장년층 이상으로 높아진 사실, 또 인터넷의 광범위한 보급에 따라 기업과 소비자 관계가 근본적으로 변한 것을 이유로 꼽는 이들도 적지 않다. 앨빈 토플러Alvin Toffler의 말대로 이제까지의 사회를 유지하고 있던 '심층기반' 전반이 흔들리고 있을지도 모른다.

분명한 것은 원인이 무엇이건 부의 재편이 일어나고 있다는 거스를 수 없는 사실이다. 시장을 둘러싼 환경과 주인공들의 역할이 크게 변하면서 기존의 대기업들이 전혀 유리하지도 않고, 아무것도 가진 것 없는 이른바 '개미'들도 인터넷과 발달한 금융기법을 통해 충분히 새로운 부를 이룰 수 있는 시대가 된 것이다.

예측 불가의 이런 새로운 환경은 경영에 어떤 도전이 되고 있는가. 가장 큰 특징은 기득권을 가진 기존 기업들이 상대적으로 불리해졌다는 점이다. 변덕스러운 소비자, 놀라운 속도의 기술 발달, 정보의 투명화 등은 기존 기업에는 달갑지 않은 변화다. 이런 환경에서는 경영활동이 대부분 '시행착오'의 싸움이 될 가능성이 높다. 작은 기업들의 경우는 실패를 해도 잃을 것이 별로 없다. 반면 기존의 대기업은 실패에 따른 리스크가 너무 크다. 누가 빨리 실패에서 배워 다시 도전하느냐의 싸움에서는 큰 규모가 오히려 방해가 된다는 얘기다. 1990년대 이후 국내산업의 지평이 바뀌고 있는 데는 이런 영향이 크다. 인터넷의 새로운 강자들 가운데 예전 대기업이 진화해서 발전한 경우는 거의 없는 반면 잃을 것이 없어 미래에 몸을 던진 벤처기업들의 수확이 컸다.

문제는 이런 예측 불능의 환경 아래에서 많은 기업들이 점점 더 보수화 경향을 보일 가능성이 높다는 데 있다. 새로운 투자에 몸을 사리고, 신선한 신입사원보다는 바로 써먹을 경력사원을 선호하며, 미지의 세계를 개척하기보다는 기존 사업에서 수익을 극대화하는 데 더 높은 관심을 보이는 경향이 있다. 생전 처음 보는 일들이 일상화되고, 기존 상식이 들어맞지 않는다면 과거는 의미가 없어진다. 이럴 때일수록 기존의 경영방식에 자신감도 없어지고 그렇다고 새로운 접근법을 채택할 용기도 생기지 않는다. 그러나 이런 환경일수록 오히려 큰 기회가 생길 수 있다고 믿어야 옳다. 기득권을 버리고 새로운 게임의 룰을 익혀가며 변신할 준비를 갖춰야 한다.

초일류기업들조차 어떻게 하면 벤처기업 같은 유연성을 갖출 수 있을까 고민하며 '민첩한agile 조직'을 구축하기 위해 온 힘을 쏟고 있는 것이 최근의 트렌드다. 1990년대 말께 유행하던 사내벤처, 분사 같은 논의가 다시 활발해져야 할 때다. 이럴 때 과거의 논리로 불황을 이겨내려고 해선 희망이 적다. 이번 기회를 잡지 못하면 호황이 와도 별로 먹을 것이 없다는 사실을 인식해야 한다.

이런 변화의 시기에 경영은 철저히 기회요인에 맞춰야 한다. 투자와 인수·합병 같은 기회를 노려야 하고, 세계적인 인재 이동의 과정에서 새롭게 인재풀을 구성하려는 야심찬 계획을 세워야 한다. 오히려 이 혼란 속에서 나타나는 기회의 신호를 잡으려고 나라나 기업이나 개인이 모두 눈을 부릅뜨고 있어야 한다는 얘기다.

이런 부의 재편 시대에 경영자가 해야 할 일은 무엇인가. 이런 시절에는 경영에도 새로운 변화를 주어야 한다. 새로운 경쟁이 오고 있기 때문이다. 경영변화의 대표격인 혁신에도 단계가 있다. 가장 낮은 것이 생산혁신이다. 그다음이 상품·서비스혁신, 그리고 그 위에 전략혁신이 있다. 최고의 단계는 경영 모델 그 자체를 새로운 것으로 바꾸는 경영혁신이다.

생산혁신과 상품·서비스혁신은 IT(정보기술)의 발달로 그 비결이 금방 알려지고 쉽게 모방되기 때문에 경쟁우위를 확보하기 어렵다. 이제까지 없었던 새로운 비즈니스 모델을 만들어내는 전략혁신도 독점적 우위를 유지하는 데는 한계가 있다. 월마트도 사우스웨스트도 델컴퓨터도 비슷한 서비스를 제공하는 후발주자들을 막을 방법이 적었다.

현존 최고의 경영사상가로 평가받고 있는 게리 해멀^{Gary Hamel}

은 "경영 모델 자체를 새로운 것으로 만드는 경영혁신이라야 궁극적인 경쟁우위를 확보할 수 있다"고 말한다. 대부분의 경영자들이 자신이 믿고 있는 과거의 경영원칙을 절대 버리려 하지 않기 때문에 새로운 경영 모델은 어지간해선 모방되지 않고 아주 오랫동안 경쟁우위를 확보할 수 있다는 것이 그의 설명이다. 게리 해멀은 《경영의 미래 *The Future of Management*》에서 20세기형 경영 모델을 고집하는 회사는 모든 선세가 바뀐 21세기에 살아남을 수 없다고 강조한다.

그런 의미에서 생각해 보면 1960년대 이후 30여 년 동안 인류사에 유례없는 고속성장을 이룬 우리 경제가 1990년대 이후 저성장의 늪에서 벗어나지 못하는 원인은 경영 모델 자체에 대해서는 별 반성 없이 낮은 단계의 혁신에 매달리는 데 있는 건 아닐까.

촛불집회에서 보듯, 정부가 법의 권위를 갖고 정한 일도 국민의 마음을 잡지 못하면 실행하기 어렵게 되었다. 이는 나라경영의 모델 자체가 바뀌어야 한다는 반증이 아닐까. 아무리 좋은 성과를 올린 거대기업도 국가 차원의 금융위기가 오면 결국 정부와 은행 앞으로 끌려와 목숨을 구걸해야 하는 것 역시 경영방식 그 자체에 근본적인 한계가 있다는 의미는 아닐까.

현대적 경영 모델이 만들어진 것은 20세기에 들어서면서다. 헨리 포드 *Henry Ford* 같은 이들이 고안해 낸 관리와 통제 시스템이

100년 넘게 위력을 발휘하고 있는 것이다. 관리와 통제 시스템의 핵심은 상사가 명령을 내리고 부하는 이를 실행에 옮기는 것이다. 종업원들은 위에서 내려오는 목표를 반드시 완수해야 한다. 그 사이 파트너십, 아웃소싱, 인센티브 등 조직을 유연하게 하려는 여러 가지 시도가 있었지만 '위에서 아래로'라는 골자는 바뀌지 않았다.

그러다 1990년대 미국을 중심으로 IT벤처붐이 일면서 새로운 경영 모델이 나타날 조짐이 보였고 기존의 기업과는 전혀 다른 '아래에서 위로 그리고 옆으로'의 모델을 적용하는 구글 같은 기업이 유례없는 성공을 거두면서 분위기가 달라지고 있다. 부의 재편 시대에 기회를 잡는 기업들의 성공비결을 참조하며 경영 그 자체를 혁신하려는 경영자들의 결단과 고민이 필요한 시점이다.

혁신 압박을 피부로 느껴라

부의 재편 시대에 기회를 잡기 위해서는 무엇보다 경영자들의 의식변화가 중요하다. 스스로 변화의 압박을 느껴야 하고, 미래 성장계획에 박차를 가해야 하며, 직원 모두를 혁신가로 바꾸는 데 노력을 기울여야 한다.

무엇보다 중요한 것이 혁신 압박을 느끼는 일이다. 컨설팅업체 맥킨지의 보고서에 따르면 기업의 평균수명은 지난 한 세기 동안 놀라운 속도로 줄어들었다. 지난 1935년 90년이었던 기업의 평균 존속기간은 1955년에 45년으로 절반이 줄었고, 1975년에는 다시 30년, 1995년에는 22년까지 떨어지더니 급기야 2005년에는 15년 수준으로 낮아졌다. 이런 추세는 기업을 둘러싼 변화가 엄청나게 빠른 속도로 진행되고 있음을 의미한다. 기업세계에서 상식처럼 돼 있는 '변하지 않으면 죽는다'는 말이 결코 빈말이 아님을 보여주는 대목이다. 회사를 키우고 사회에 공헌하는 건 한가로운 얘기고 살아남는 것이 절체절명의 과제가 됐다. 앞장에서 얘기한 '성공'과 '변혁'의 단계를 넘보던 기업들이 다시 '생존'의 단계로 추락했다는 얘기다.

기업이 살아남는 방법은 단 하나, 이익을 내는 것이다. 쓰는 돈보다 많이 벌어서 공장이나 사무실을 돌릴 현금을 확보해야 한다. 계속 적자를 내는 상태에서 새로운 투자나 대출을 받지 못하면 기업은 죽을 수밖에 없다. 그렇다고 뭐든지 열심히만 한다고 해서 살아남는다는 보장이 생기는 것도 아니다. 남들이 이미 하고 있는 사업에서는 수익이 날 게 거의 없다. 따라서 기업은 아직까지 시장에 나와 있지 않은 제품이나 서비스 창출에 매진할 수밖에 없다.

시장에 수요는 있지만 아직 상품이 없는 것을 찾는 것, 이것이 바로 혁신innovation이다. 혁신하는 기업은 오래 살아남고 그렇지 못한 기업은 이제 15년을 채우지 못하고 사라져갈 것이다. 이렇게 제3자의 입장에서 보면 당연한 일도 막상 회사를 운영하는 사람은 느끼기 어렵다. 하루하루 손익 맞추기에 급급한 기업에서는 이렇게 '한가한' 얘기가 나올 겨를이 없는 게 현실이다.

이런 사정을 감안하면 침체를 벗어나지 못하는 시점에서 지금 기업에 무엇이 필요한지가 명확해진다. 최고경영자들이 '혁신의 압박'을 느껴야 한다는 사실이다. 새로운 시장을 찾아내지 못하면 죽을 수밖에 없다는 절박감을 가져야 한다는 얘기다. CEO들이 이런 절박감을 갖고 먼저 변하려고 나설 때 회사에는 희망이 생긴다.

운영 면에서 혁신의 압박을 느끼는 회사는 그렇지 못한 회사와 다를 수밖에 없다. 우선 기존 비즈니스를 재정비하는 일에 많은 관심을 갖게 된다. 이 비즈니스가 지금은 돈이 되고 있지만 내년, 후년은 물론 5년, 10년 뒤에도 그럴 수 있을까에 근본적인 의문을 품는다. 그래서 '안 되겠다'는 결론이 나오면 새로운 시장을 개척하려는, 즉 혁신활동을 벌이는 방식으로 대응체제를 갖추는 것이다. 최악의 경우에도 '막차'를 타기 직전에 손절매하거나 갈아타기를 할 수 있는 것은 이런 혁신 압박을 느끼고 변화를 준비해 온 회사에서나 가능한 일이다.

혁신의 압박을 느끼지 못하는 기업은 막판까지 결단을 내리지 못하는 투자자와 다를 바 없다. 완전히 바닥을 확인할 때까지 변화를 미루다 결국 깡통을 차고 마는 것이다. 사양길로 접어든 업종에서는 1년밖에 안 된 새 기계도 팔 곳이 없는 고철이 되고 만다.

혁신 압박을 실제 경영혁신으로 연결시키기 위해서는 무엇보다 시장의 변화에 민감해야 한다. 고객들이 무엇을 원하는지에 눈과 귀를 열어두어야 새로운 기회가 보이고 그 기회를 민저 잡겠다는 조바심도 생기는 것이다. 그 조바심이 바로 혁신 압박이다. 재무상황 악화나 시장점유율 축소 등 직접적인 시장의 압박이 올 때면 이미 늦다. 이것이 시장 압박의 '선행지수' 노릇을 하는 혁신 압박에 CEO가 민감해야 하는 이유다.

경영자들이 혁신 압박을 느끼면 조급해진다. 그래서 각 사업부에서 미래성장 산업을 찾아야 한다며 채근한다. 그러나 경영자가 구체적인 업종이나 품목까지 찾아낼 방법도 없거니와, 찾아내더라도 미래산업이 아닌 경우가 많다. 경영자는 큰 지침을 내리는 것으로 끝내야 한다. 피터 드러커가 이미 오래전에 제시한 기준을 보자.

새로운 사업은 일단 성과를 내면 아주 오랫동안 매우 빠르게 성장해야만 한다. 투자된 자본에 비해 엄청나게 많이는 아니더라도 최소한 50배는 회수해야 한다. 그렇지 못할 경우 그 사업은 실패한 것이다.

그렇다. 적어도 50배, 즉 10억 원을 투자했으면 500억 원은 벌어야 미래성장 사업이라고 불러줄 수 있는 것이다. 그만큼 혁신적이어야 하고, 성장성도 높아야 하며, 당연히 새로운 것이어야 한다.

많은 기업들이 미래성장 엔진을 찾겠다며 머리를 싸매고 있다. 그런데 옆에서 보면 공통적으로 겪는 문제가 몇 가지 눈에 띈다. 첫째는 목표 자체가 작다는 점이다. 이익만 낼 수 있다면 성공이라고 생각하는 경향이 있다. 하지만 50배를 벌 수 없다면 이미 낙제점이다. 회사 자원이 장기간 투입되고 핵심인재가 새 사업에 매이기 때문에 기회비용을 반드시 생각해야 한다.

두 번째는 '잘나가는' 기존 부서가 미래성장 사업과제를 맡는 경우가 많다. 대개 그런 부서는 인력이나 자금 면에서 여유가 있기 때문에 혁신사업은 덤으로 여기기 쉽다. 따라서 경기가 나빠지면 기존 사업에 집중할 수밖에 없어 신규사업은 뒷전으로 밀린다.

세 번째는 기존의 다른 사업과 똑같은 평가기준을 적용한다는 점이다. 예를 들면 첫해부터 '20% 순익은 내야 한다'고 압박하는 식이다. 신규사업은 어린아이에 불과한데 어른과 같은 방식으로 체급 적용을 하면 언제든 처지게 돼 있다. 국내에서 지난

10여 년 동안 '미래성장 엔진' 노래를 불렀지만 놀라운 성과를 거두는 기업이 별로 없는 데는 이런 문제들이 있었다.

혁신적 미래사업은 'BCG(보스턴컨설팅그룹) 매트릭스'로 보면 '물음표(?)' 사업이다. 성장성이 높을 것으로 기대는 되지만 현재는 시장점유율이 전혀 없는 새 사업이다. 성장성과 점유율이 높은 '스타star' 사업이 성장성이 떨어져 '현금젖소'가 되고, 마침내 '개dog' 사업으로 추락하는 사이클을 피할 수 없는 것을 생각하면 물음표 사업에 대한 투자는 필수다. 변화 빠른 세상에서 이제 혁신은 질이 아니라 양이 승부를 결정짓는다. 물음표 사업을 찾아내 신규투자를 벌여놓아야 그 가운데 몇 개가 '대박'을 터뜨릴 수 있다는 의미에서다.

어떻게 해야 할까? P&G와 3M 등 세계적 기업들이 선구적으로 정착시킨 신규사업 프로세스를 세심하게 따를 필요가 있다. 먼저 신규사업을 책임질 임원을 지명하고, 그 밑에 신규사업을 전담할 PMproject manager을 두어야 한다. 그러고 나서는 이들을 건드리지 말아야 한다. '미래성장 사업 별동대'라고 이름 지으면 어떨까. 혁신에 관한 한 새 술은 새 부대에 담아야 한다.

그리고 3년이든 5년이든 시간을 줘라. 그 대신 '최소 50배'라는 도전목표를 주면 된다. 기존사업 개선 투자에 비해 신규사업 모험 투자는 절대투자 금액이 적다. 일을 많이 벌여 그중 한 개만 터져도 회사는 미래성장 동력을 확보할 수 있다는 얘기다. 이렇게 명확한 바탕 위에서 조직 구성원 모두에게 혁신 마인드를 심어갈 때 회사의 미래가 밝아진다.

경영자가 혁신 압박을 느끼고, 생존을 절체절명의 과제로 삼으며, 직원들에게 도전목표를 주고, 스스로는 경영 그 자체를 바꾸는 경영혁신을 고민할 때, 그 회사는 미래성장을 위한 작은 단초를 잡을 수 있을 것이다.

당신은 21세기형인가?

경영자가 되는 길도 시대에 따라 변한다. 20세기에는 제너럴리스트generalist로 길러진 간부들이 경영자가 됐다. 여러 부서를 돌며 생산부터 관리, 영업까지 두루 경험한 사람 가운데서 사장이 나왔다.

업종이 세분화되고 경쟁이 심해진 1980년대부터는 스페셜리스트specialist에게도 기회가 생겼다. 히트 아이템을 개발한 사람 자신이 회사를 맡게 되면서 기술 전문가들이 두각을 나타냈다.

21세기 들어서는 한 걸음 더 나아가 'T자형' 인재에 대한 논의가 더해졌다. T자 모양 그대로 깊이 파온 전문분야가 있으면서 동시에 경영과 사회 전반에 대해서도 박학다식한 인재가 등장했다. 국내 기업들도 이런 경로를 따라 경영자를 키워왔다.

문제는 이런 와중에 선진기업들의 CEO 모델이 또다시 진화하고 있다는 데 있다. 스티브 잡스를 보라. 그는 이미 T자형 인재를 넘어서 있다. 애플의 IR(기업설명회)은 처음부터 끝까지 그의 독무대다. 글로벌기업에는 회장이나 CEO가 직접 준비하고 주재하는 회의가 많다. 대외행사도 예외가 아니다. 혼자 발표하고 토론도 이끌고 커피브레이크도 알아서 갖고 마지막에 종합 정리까지 한다. 스스로가 회사 내 모든 업무를 컨버전스^{convergence}(융·복합)할 정도로 꿰고 있기에 가능한 일이다.

전문가들은 한국에서 진정한 글로벌 CEO가 나오려면 국내 CEO 문화부터 바꿔야 한다고 주장한다. 비서실에서 써준 인사말로 '훈화'하고, 조율 거친 정책에 최종 사인만 하는 것으로 역할을 축소해서는 경영자들의 경쟁력을 높일 방법이 없다는 지적이다.

사장들이 풍부한 교양을 쌓으며 부드러운 카리스마를 키우던 시대는 지났다. 신기술과 트렌드를 용광로처럼 흡수할 수 있는 컨버전스 역량을 가진 사람이 리더가 되는 시대가 이미 열렸다.

시대는 이렇게 바뀌고 있는데 과연 경영자들도 21세기형일까. 생각해 보자. 임원 이상 고위간부들에게 여간해선 통하지 않는 마케팅이 있다. 인터넷을 통한 온라인 마케팅이다. 팩스를 보내야 겨우 반응이 온다. 50대쯤 되는 임원들이 이메일을 직접 읽는 경우는 별로 없다. 사실은 읽지 못한다고 봐야 한다. "이메일

번호가 몇 번이냐?"고 묻는 임원이 있다면 그 자체가 스스로 '넷맹'임을 자인하는 증거다.

1년 전쯤 나이가 50~60대인 제조업체 사장 15명과 간담회를 가진 적이 있었다. 인터넷 얘기를 하다 궁금해서 직접 이메일을 쓰는지 물어봤다. 외국계 기업에서 일하는 3명만이 이메일을 사용하고 있었다. 나머지는 비서들이 대신 체크해 준다고 했다. 그중 2명은 아예 이메일 주소조차 없었다. '굴뚝산업'이어서 그런지 '굴뚝사장'이 적지 않았다.

지금도 필명을 날리고 있는 전직 장관이 들려준 에피소드다. 도대체 왜 젊은 사람들이 인터넷에 빠지는지 알아보기 위해 그가 온라인 게임을 배운 건 3년 전쯤. 해보니 재미가 있어 밤을 꼬박 새우기도 했다. 다만 꺼림칙했던 것은 성숙하지 않은 인터넷 문화였다. 실시간 채팅을 하면서 게임이 안 풀린다 싶으면 욕설부터 내뱉고 보는 게 언짢았다. 참다못해 이런 글을 올렸다. "살살 합시다. 난 70대 영감이오!" 그랬더니 이런 말이 돌아오더란다. "그래, 인마! 난 초3이다!"

'인터넷 굴욕'이라 할 만한 이 사례에서 무엇을 느끼는가. 그런 수모를 당할 정도로 스스로 인터넷에 빠졌기에 그 전직 장관은 지금도 새로운 책을 내고 젊은 상상력을 발휘하고 있는 건 아닐까.

외국의 유명 교수나 강연자를 초청해 보면 인터넷을 제대로 활용하지 못하는 사람이 거의 없다. 60대, 심지어 70대까지도 호텔에서 밤에 이메일을 체크하고 업무를 본다. 블랙베리 폰까지 쓰면서 이동 중 이메일을 체크하는 것을 보면 인터넷 시대를 맞아 오히려 첨단장비로 무장을 강화했다는 느낌을 받는다.

거기에 비하면 우리 경영자들의 온라인 경쟁력은 놀라울 정도로 낮다. 손자가 학교에서 돌아와야 겨우 전화를 걸 수 있었던 30년 전 시골 할머니 수준의 경쟁력을 지금 적지 않은 한국의 경영자들이 부끄러워하지도 않고 있다. 인터넷이 더 쉬워질 때까지 기다리지 말고 당장 오늘부터 인터넷의 바다에 빠져보시라. 연예인 얘기를 검색해도 좋고 가끔 '야한' 동영상을 봐도 좋다. 아이폰 같은 새 제품이 나오면 손주나 애들에게만 사줄 생각 말고 일단 스스로를 위해 저질러보라. 새로운 세계가 열릴 것이다. 어쩌면 신사업 기회가 그 안에 숨어 있을지도 모른다.

우리는 이미 그런 시대를 살고 있다. 절감하지 못했을 뿐 변화의 속도는 너무나 빨랐다. 최근에 간 결혼식장이나 상갓집을 생각해 보라. 과거엔 친척이거나 회사 동료가 아니면 절친한 친구의 애경사만 챙겨도 됐다. 요즘은 이메일로 또 문자로 소식이 전해진다. 얼굴도 모르는 학교 동창, 군대 동기가 독촉 문자까지 보낸다.

기업에서 중시하는 고객들이 어떻게 바뀌었는지 보라. 전혀 합리적이지 않은 소비자들이 엄청나게 늘었다. 싸고 품질 좋은 것을 전혀 따지지 않는 사람들이 얼마나 많아졌는가. 10대들이 휴대폰을 바꾸는 이유는 통화가 잘 안 되거나 기계가 고장 나서가 아니라 '더 새로운 것'이 나왔기 때문이다. 반대로 소비자들이 훨씬 영악해진 측면도 있다. 전자제품 상가에 가면 더 이상 "싸게 드릴게요!" 하는 호객행위가 통하지 않는다. 인터넷으로 검색해 상품안내서를 프린트해 오는 손님이 많아져서다. 가격협상은 이제 손님이 시작한다.

그러니 이제 새로운 구매를 자극하는 것은 어쩌면 가격도 품질도 아닐지 모른다. 소비자들 스스로도 그 속도를 감당해 내지 못하고 있기 때문에 기업들도 무엇을 만들어내야 할지 알 수가 없다.

쌀이 없어 먹던 맛없는 보리밥이 웰빙 식품이 되고, 날씬한 것이 부자의 상징이 되고, 성형수술한 것이 더 이상 비밀이 아닌 시대가 됐다. 너무 빨리 변해서 그 변화를 감지하지 못할 뿐 지금의 세상은 20년 전과 차원이 다른 세상이다.

왜 20년 전과 비교했을까. 군사적 목적으로 쓰이던 인터넷을 영국의 소프트웨어 엔지니어 팀 버너스 리^{Tim Berners Lee}가 대중화한 것이 바로 1990년이다. 인터넷은 기업과 소비자의 관계, 소비자끼리의 관계, 심지어 국가와 국민의 관계까지 바꿔놓았다. 지난 2008년 100일 넘게 이어졌던 촛불집회는 과거에는 상상도 못하던 방식으로 시위 참가자들이 연대할 수 있음을 보여준 극명한 사례였다. 어떤 노련한 정부 당국자가 그 집회가 100일 넘게 갈 것으로 예상이나 했단 말인가.

특히 2008년 하반기부터 미국발 경제위기 상황이 펼쳐지면서 우리가 아는 상식들은 송두리째 흔들리고 있다. 집을 사는 것이 꿈이 아니라 모험이 됐다. 집을 사지 않은 것이 오히려 안전한 투자가 된 자산가치 하락의 시대는 우리에겐 첫 경험이다. 경제위기 시대에는 부자가 고객이 되지 않는 경우도 있다. 20억 원짜리 별장을 직접 지으려던 부자는 자산가치 하락이 즐거울 뿐이다. 40억 원짜리 별장이 20억 원까지 가격이 내렸으니 신나게 사면 그만이다. 건축업자는 고객을 잃게 된다.

이렇게 모든 방면에서 고객이 달라지고 시장이 바뀌고 경쟁 양상이 새롭게 전개되고 있다. 생각해 보면 바뀐 시장을 차지한 것은 대부분 '새로운 진입자new comer'였다. 왜 그랬을까? 바로 참고할 과거가 없어서다. 과거가 없으니 아는 것도 없고, 새로운 시장 속으로 들어가도 낯설지 않은 것이다.

회사 전 부분을 마치 컴퓨터를 다시 켜듯이 리스타트restart해야 한다. 그리고는 이제 시작하는 벤처처럼, 계좌를 처음 개설한 초보 투자자처럼, 정권을 막 잡은 인수위원회처럼, 갓 선임돼 자리에 앉은 신임 사장처럼 일하면 된다. 우리가 알고 있다고 생각하는 모든 것들을 버릴 수 있을 때 기회가 올 것이다.

당신은 이제 21세기 들어 전개되는 기회의 시대를 주도할 21

세기형 경영자가 돼야 한다. 무엇을 어떻게 할 것인지 논의하기 전에 당신의 자세부터 점검해야 할 일이 있다. 결론부터 말하자면 위험요인이 아니라 기회요인에 눈을 돌려야 한다.

실감을 하기 위해 구조조정에 대한 당신의 생각을 점검해 보자. 회사에서 구조조정을 한다고 하면 당신은 어떤 방향을 택할 것인가. 직원들 처지에서 '구조조정'만큼 무시무시한 단어도 없다. 칼이 연상되고 누군가의 피를 부르는 것 같다. 실제 구조조정 과정에서 명예퇴직이나 감원, 해고 등이 수반되긴 하지만 구조조정이 꼭 인력감축을 뜻하는 것은 아니다. 글자 그대로 보면 회사나 조직의 경쟁력을 높이기 위해 사업구조를 재정비하는 것이다. 그러니까 새로운 성장동력에 인력과 자원을 집중하고 비교적 저성장 분야에는 반대로 투입을 줄여 발전 가능성을 높이는 데 방향을 맞추는 것이다.

구조조정이 감원을 포함한 축소지향 활동으로 여겨지게 된 것은 경영파탄으로 위기에 몰린 기업이 정부나 금융권으로부터 할 수 없이 구조조정을 받은 사례가 많았기 때문이다. 그럴 경우는 채권단이 부채탕감이나 이자유예 등을 전제조건으로 요구해 축소지향으로 구조조정 방향이 잡힐 수밖에 없는 것이다. 문제는 그런 '특수한' 구조조정이 일반적인 것으로 받아들여진다는 데 있다. 그 정도의 위기에 몰리지 않는 기업들까지 마치 구조조정이라면 당연히 직원을 줄이고 신규사업을 포기하고 연구개발

R&D, Research and Development 자금을 삭감하는 방향으로 가야 한다고 믿는다. 특히 경제위기 상황에서는 누구도 거부할 수 없는 흐름 같아 보인다.

회사사회에서 이런 분위기가 대세를 이루는 데는 여러 가지 이유가 있지만 관리나 재무부서가 구조조정을 주도하는 탓이 가장 크다. 피터 드러커의 통찰력을 빌려 말하면, 이런 부서들이 자기들이 하는 일을 '선善한 활동'이라고 믿고 있는 데 가장 큰 문제가 있다. 부채비율을 줄이고, 투자수익이 적은 부분에서 철수하고, 신규채용을 억제하고, 이왕이면 고액 연봉자를 내보낼 가능성이 높다. 이 모든 것이 당장의 수지개선에 도움이 되기 때문이다.

그러나 이런 구조조정은 곧 한계를 드러내게 돼 있다. 시장을 상대로 한 기업은 시장의 역동성보다 앞서가지는 못하더라도 한참 뒤져서는 안 된다. 자원배분에서 나타날 수 있는 오판을 생각해 보자. 앞으로 2, 3년은 수익을 못 내지만 4, 5년 뒤에는 급격히 커질 가능성이 높은 비즈니스에 5억 원의 신규 투자자금이 필요하고, 서서히 죽어가지만 해마다 이익을 내고 있는 부문에 통상예산 100억 원이 필요하다고 해보자. 결론은? 당연히 5억 원의 신규 투자자금이 중지된다. 또 하나 인력문제를 보자. 능력 있는 억대 연봉자를 내보낼 것인가, 3천만 원짜리 젊은 사원을 내보낼 것인가. 당연히 억대 연봉자를 밀어낸다. 나이도 많으니 명분도 좋다.

두 가지 조치의 공통점은 기업들이 모두 현재에 살아남는 데 도움이 되는 선택을 한다는 점이다. 구조조정은 급한 불을 끄는 것이 아니라 미래 청사진을 짜는 거창한 활동이 돼야 한다. 이왕이면 잘될 것을 찾아 모험투자하는 것이 훨씬 나은 판단이다. 구조조정은 미래를 위한 활동이어야 하지, 현재에 살아남기 위한 것이 아님을 알아야 한다.

최고운영책임자COO, Chief Operation Officer는 어쩌면 현재에 집중해야 할지 모른다. 그러나 CEO는 지속 가능한 성장을 도모해야 한다. 특히 지난 세기와는 비교되지 않는 변화속도를 보이는 21세기에 걸맞은 경영자가 되려면 더욱 그러해야 한다.

Reflections on

성공 CEO의 조건

제3장

마음먹은 대로만 경영이 잘되면 얼마나 좋을까. 그러나 경영은 예술로도 표현될 만큼 정교한 기술이다. 제대로 익히면 성과는 더욱 높아질 것이고, 쉽게 생각하면 낭패를 볼 수 있는 게 경영이다. 과거의 성공경험을 떨쳐버리고 새로운 시대의 논리에 적응하며 중요한 경영과제들을 실천할 때 당신의 경영에도 꽃이 필 것이다.

습관부터 바꿔라

최고경영자 자리도 조금 과장을 보태면 하늘이 내리는 자리다. 재주나 운으로만 오를 수 없는 자리요, 올랐다고 해도 그 자리를 오래 유지하기가 어렵기 때문이다. 경제기자로 일선에서 오래 지켜본 바에 따르면 잘나가는 경영자는 뭐가 달라도 다르다. 성공을 부르는 습관이 몸에 붙어 있다고 해도 과언이 아니다. 당신과 이들과는 무엇이 같고 또 다른가.

습관1. 고수가 되기 위한 노력

금융인 A씨와 기업인 B씨는 직업이 사장이다. 40대 초반부터 출세가도를 달렸다. 모두가 부러워하는 큰 회사의 최고 자리에만 몇 번을 앉았다. 학벌도 좋고 인물도 훤하고 돈도 많고……. 장관 출신 정치인 C씨도 결코 이에 뒤지지 않는다. 차관급 이상의 고위공직에서만 10년 가까이 활동했고, 정치권에 몸담고 있는 지금도 개각이나 공기업 기관장 교체 때면 하마평에서 빠지지 않는다.

대기업에서 임원은 별이라고 불린다. 하늘의 별처럼 따기 어려운 자리라는 뜻에서다. 그런데도 별 중의 별만 골라 따가는 사람들이 있다. 잘난 그들에게 성공은 너무 쉬워 보인다. 세계적으로 사장학, 성공학 책이 잘 팔리는 이유는 그들의 비결을 궁금해하는 사람들이 많아서다. 그들이 잘나가는 진짜 비결은 무엇일까.

수백 명의 세계적인 인사를 인터뷰하고 책을 낸 성공학 저자 마크 톰슨Mark Thompson은 그들의 공통점을 3P로 꼽았다. 이루고자 하는 목적purpose이 있고, 그 일에 매진하는 열정passion이 있으며, 이를 반드시 실행에 옮겨 성과performance를 내기 때문에 성공하는 것이라는 설명이다. 톰슨을 만나 얘기를 나누면서 그렇게 거창하게 표현할 것도 없다는 생각이 들었다. 회사나 사회에서 잘나가는 사람들의 비결은 너무 단순하다. 남들보다 더 노력하는 것이다.

전문경영인 D회장의 예를 보자. 그는 말단 신입사원에서 시작해 최고가 된 입지전적인 인물이다. 최고경영자가 된 지도 벌써 10년, 여전히 그는 현직에 있다. 남들은 모두 궁금해하지만 가까이서 지켜본 사람들은 "성공할 수밖에 없다"고 입을 모은다. 우선 근무시간이 길다. 새벽같이 출근하고 저녁에도 10시 전에 집에 가는 일이 없다. 조찬모임이 주 2~3회, 저녁엔 날마다 비즈니스 약속이다. 저녁약속을 마치면 반드시 회사로 들어와 못 본 신문을 다 갖고 간다. 잠도 없는 모양이다. 그가 새벽 3시에 보낸 이메일을 받아본 임원이 한두 명이 아니다. 인터넷으로 읽은 해외업계 소식을 한 명 한 명에게 업무지시와 함께 보낸다.

그렇게 하루종일 일하고, 읽고, 사람을 만나니 전문분야 지식은 물론이고 최근의 업계 이슈, 해외 동종업계 소식까지 모르는 게 없다. 세월이 갈수록 내공이 쌓이고 '고수'가 되는 것이다. 일찍 나오고 늦게 들어가고 신문 다 읽고 해외뉴스 다 보고 하는 이 단순한 것이 성공을 부르는 습관이다. 그것을 경영학자들은 열정이니 목적이니 하고 멋지게 부르는 것이다. A, B, C, D씨는 지금도 자리를 옮겨가며 경제수명을 늘려가고 있다.

습관 2. 경영자는 새벽형

이탈리아에서 온 파트너를 아침 9시에 만났다. 잠이 덜 깬 표정이었다. 조찬에 갔다 왔다고 했더니 눈이 커졌다. 자기 나라에선 이른 미팅이라야 10시라고 했다. 다른 나라 경쟁자들보다 일찍 일을 시작한다는 뜻에서도 한국은 확실히 '아침의 나라'다.

우리 경영자들은 대부분 새벽형이다. 새벽잠이 없어진 탓도 있지만 회의가 일찍부터 열리니 할 수 없이 그렇게 됐다. 주말 골프도

'새벽탕'을 선호한다. 일주일에 다섯 번씩 있는 점심, 저녁 약속을 비즈니스 미팅으로 잡다 보니 자기계발을 위한 여유시간은 결국 아침밖에 없다. 일주일에 4일을 조찬모임으로 시작하는 CEO도 적지 않다.

34년 넘게 1625회를 이어가고 있는 인간개발연구원의 목요조찬, 국내에서 가장 큰 규모의 SERI CEO 조찬포럼을 비롯해 서울에서 CEO 조찬 형태를 띤 모임만 연간 1200회 정도가 열리는 것으로 추산된다. 대단한 일 아닌가. CEO 조찬포럼은 21세기 한국에 희망을 주는 우리의 자랑거리다.

한국경제신문이 인간개발연구원과 목요조찬을 공동 주최하게 되면서 나도 2009년 6월부터 '할 수 없이' 새벽형 인간으로 변신해야 했다. 반년이 다 돼가는 지금에야 겨우 익숙해졌다. 선배 회원들은 "석 달, 즉 100일 정도는 다녀야 진정한 조찬포럼 회원이 될 수 있다"고 입을 모은다. 처음 몇 회는 의욕에 차서 오지만 게을러지고 또 양식 조찬에도 질리게 될 즈음 '하루쯤 빠지면 어떠랴'는 생각이 든다는 것. 그걸 못 넘기면 새벽형 인간 되기 수행은 실패다.

20, 30대 직원의 경쟁력은 밤에 결판난다. 아무리 늦어도 술자리에서 버티는 것이 힘이다. 그러나 경영자가 되면 새벽에 승부가 난다. 직원이 열정과 감성으로 뛴다면 경영자는 차고 맑은 이성으로 일하는 것이다. 한국의 경영자, 그들은 CEO가 되기 위한 100일 수행을 마친 사람들이다.

습관 3. 1만 시간 쌓은 내공

국내 CEO들에겐 '잭 웰치 콤플렉스'란 게 있었다. 직원의 수준
이나 자산규모 같은 회사사정은 전혀 비교할 바 못 되는데도 주위
에서 잭 웰치 전 GE 회장 같은 성과를 내어달라고 기대하니 위축
될 수밖에 없었다. 시대가 바뀌었다고 별로 달라지지 않았다. 요즘
은 '스티브 잡스 콤플렉스' '카를로스 곤 콤플렉스' 등으로 오히려
진화했다. 특히 경영진으로 막 입성한 신임 임원들은 오그라들 수
밖에 없다.

그러나 희망의 메시지가 여기 있다. 경영천재란 원래 없다! 당신
도 노력하면 이른바 '천재'라고 불리는 사람 비슷한 수준까지 올라
갈 수 있다. 내 말이 아니다. 말콤 글래드웰Malcolm Gladwell이 최근 펴
낸 《아웃라이어Outliers》를 보라. 그는 진정한 고수가 되기 위해서는 1
만 시간의 땀 흘리는 훈련기간이 필요하다는 '1만 시간의 법칙'을
소개하며, 우리가 천재라고 생각하는 사람들이 모두 끈질긴 노력파
였음을 강조한다.

빌 게이츠가 단번에 성공한 것 같지만 사실은 7년 동안 쉼 없이
프로그래밍을 한 결과였다. 미 LPGA에서 역전 우승한 '천재 골퍼'
신지애도 가만 보면 어릴 때부터 '10년 공부'를 한 것 아닌가.

비틀스가 무명 시절 독일 함부르크의 3류 클럽에서 수년간 활동
한 사실을 아시는지. 급료도 제대로 주지 않고 음향시설도 엉터리
였으며 관객들이 귀를 기울여주지도 않았다는데 그들은 왜 거기에

갔을까. 바로 자신들이 원하는 만큼 마음대로 연주할 수 있었기 때문이다. 그곳에서 1만 시간 이상을 연주하며 충분히 훈련했기 때문에 '천재 밴드' 소리를 들을 수 있었다.

1만 시간이면 하루 3시간, 1주일에 20시간을 훈련하면 딱 10년 걸린다. 이제 임원이 됐다면 날마다 10시간씩 일을 해야 3년이면 경영 고수가 될 수 있다는 얘기다. 그러니 남들의 기대는 잊고 스스로 물어라. 나는 1만 시간을 투자할 각오가 돼 있는가.

습관 4. 이곳저곳에서 뒹굴다

임원이 되면 '너무' 바빠지는 사람이 있다. 회사인생의 정점에서 있는 만큼 이해는 간다. 그러나 명심할 것이 있다. '자기 일'로만 바빠서는 절대 사장감이 될 수 없다.

임원이란 원래 제너럴리스트다. 신입사원 시절부터 이 부서 저 부서를 돌아 회사 전반을 두루 알 때 간부가 되고 그중에서 유능한 사람이 임원으로 뽑히는 것이다. 요즘은 '연구임원' 등의 이름으로 특정 분야의 전문지식을 가진 임원도 생겨나고 있지만, 차세대 사장 후보로서의 임원은 원래 제너럴리스트로 기르는 것이다. 그러니까 사장이 되고 싶다면 자기 분야만 팔 생각을 버려야 한다.

경영진이 되고 나면 회사 안만 두루 알아서는 안 된다. 시대의 코드는 이異업종, 더 나아가 잡종 간 융합을 창조의 원천으로 보고 있다. '메디치Medici 효과'란 여러 분야가 융합된 아이디어를 창출, 기존 방식으로는 상상하기 어려웠던 작품을 만들어내는 것을 말한다. LG와 프라다, 루이비통과 인피니티의 만남은 과거에는 상상하기 어려웠던 결합이다. 상품시장에서 기존 카테고리를 부순 히트상품이 이렇게 메디치 효과로 나타나고 있으니 이제 비즈니스 리더도 융합, 퓨전, 뒤섞임의 가치를 충분히 알아야 한다.

21세기에 들어서면서 업종의 벽을 넘어선 협업collaboration이 중시되고, '적과의 동침' '변두리에서 배운다' 'T자형 인재' 등이 유행어가 되고 있는 이유도 결국 같은 맥락이다. 새로운 시장을 창출하기 위해 업종의 벽을 깨고, 그 깨지는 영역 속에서 자신만의 네트워크를 새로 개척해 가는 사람들이 승리할 가능성이 높아졌다.

그러니까 사장, 그것도 글로벌 초우량기업의 CEO를 꿈꾸는 임원이라면 바쁜 이유가 달라야 한다. 업종별 모임에 정기적으로 참석하는 것만으론 부족하다. 이제까지 만나보지 못했던 사람들과 어울려야 한다. 좀 심하게 말하면, 이곳저곳에서 뒹굴어야 한다. 오늘날은 당신이 속한 네트워크의 크기가 당신을 평가하는 시대다.

당신의 습관은 이들과 비교하면 어떤가. 어떤 종류의 회사건 경영자라면 이 가운데 하나쯤은 비슷한 면이 있을 것이다. 사실 CEO라는 말이 유행하면서 스스로 그 직함에 자랑스러워하는 사람들은 늘었지만 '임원 중에서 최고 임원'이라는 글자 그대로의 뜻에 충실하게 새로운 노력을 하는 사람들이 눈에 띄게 증가

하지는 않았다. 특히 글로벌 경영환경이 펼쳐지면서 외국의 경영자들이 자주 한국을 방문하고 외국계 언론들이 한국의 사장들을 인터뷰하는 일도 많아졌다. 이제 한 기업의 CEO는 내부적인 사람이 아니라 외부적인 인물이다. 자신의 경쟁력이 회사 그 자체, 아니 회사의 경쟁력 이상이 되는 시대를 살아가자면 정말로 실력 있는 경영자가 되지 않으면 안 된다. 언제 어디서든 '명불허전名不虛傳'이라는 평가를 받을 정도로 여러 가지 경영능력을 갖춰야 한다. 회사 내부의 자원을 잘 활용해 그 잠재력을 최대한 발휘할 수 있도록 돕고, 외부적으로도 유명한 인물이 돼야 한다.

마음을 잡아야 리더다

A씨는 박사다. 그것도 미국 박사다. 서울을 떠난 지 10여 년, 아직도 미국에 산다. 문제는 변변한 직업이 없다는 것이다. 박사 후 과정까지 마쳤지만 교수가 못 됐다. 가족들은 극빈자 대우를 받고 있다. 그가 미국에 간 건 박사가 부러워서였다. 공대를 나와 석사까지 마쳤지만 5년이 지나도 승진하지 못했을 때 세 살 어린 '미국 박사'가 상사로 부임했다. 연봉 차이도 2배는 되는 것 같았고 앞으로 점점 더 벌어질 게 분명했다. 회사에 있을 이유가 없었다.

1990년대 이후 회사사회는 인재전쟁에 돌입했다. 직원을 경쟁력의 원천으로 보는 것까진 좋았는데 문제는 직원을 크게 극소수의 '핵심인재'와 수많은 범재凡才 두 종류로 나누었다는 사실이다. 대기업 사장들까지 인재를 찾아 해외출장을 떠나는 풍경이 유행처럼 번지기도 했다. 최근에는 세계적인 경제위기 여파로 하향 이동하는 글로벌 인재가 늘어나면서 회사들은 핵심인재를 골라 채용할 수 있는 형편이 됐다. 어찌됐든 범재들에겐 온통 악재뿐이다. A씨처럼 엉덩이가 가벼워지는 사람들이 더 늘어나게 돼 있다는 얘기다.

그러나 영화에서와 마찬가지로 회사에도 조연이 필요하다. 연봉이나 대우에 연연하지 않고 묵묵히 그 자리에서 역사를 만들어가는 '뚝심인재'들이 그래서 중요하다. 지난해 11월 서울에서 열린 '글로벌 인재포럼 2009'에서 세계적 석학들이 인재육성에 관한 조언으로 "낚시(스카우트)하지 말고 재배(사내 육성)하라"고 입을 모은 것은 이런 맥락이다.

미국의 경영학자인 클레이튼 알더퍼Clayton P. Alderfer의 'ERG 좌절·회귀이론'에 따르면 '성장(G)욕구'를 충족시키지 못하는 사원은 그 아래 단계인 '관계(R)욕구'에 매달리게 된다. 일로 최고의 자리에 오르기 어렵게 된 만큼 줄 서고 편 가르는 처세술에 더 신경을 쓰는 경향을 보인다는 얘기다. 이마저 제한을 당하면 최하위 단계인 '존재(E)욕구'에 집착한다. 비슷한 처지의 사람과

뭉치고 때로는 과도한 임금을 요구하는 등 살아남기 위한 '투쟁'에 적극적으로 나선다. 새로운 인재가 충원된다는 것은 기존 사원들에겐 성장기회가 줄어든다는 뜻에 다름 아니다.

그나마 적은 가능성을 놓고 마음 졸여온 기존 사원들이 낙심천만의 비탄에 빠질지 모른다. 심할 경우 '잘해 봐야 소용없다'는 무력감, '이럴 때일수록 내 밥그릇을 지켜야 한다'는 집단이기주의로 변할 수도 있다. 부작용은 또 있다. 애써 뽑아온 인재들이 몇 년 지나지 않아 훌쩍 떠나버릴 경우 조직엔 더 큰 상처만 남는다. "업무성과가 높은 직원은 이직률이 낮지만 업무성과가 최고로 높은 직원은 이직률이 아주 높다"(머서휴먼리소스컨설팅 보고서)는 사실을 잊어서는 안 된다.

방법은 있다. 기존 사원들에게도 똑같은 인센티브를 주는 것이다. "기존 직원도 스카우트된 인력과 같은 성과를 올리면 파격적인 대우와 금전적인 보상을 해주겠다"는 약속을 하고 또 그렇게 실천하는 방안이다. 사람은 조금이라도 기회가 남아 있어야 비전을 갖게 되고 또 자신을 던진다.

범재를 어느 세월에 인재로 만드느냐고? 마쓰시타 고노스케를 떠올려보라. 그는 주5일제 논의가 제대로 시작되지도 않았던 1960년대에 주5일제를 도입했다. 그 이유는 "직원들이 더 쉬고, 더 공부하게 만들어주기 위해서"였다. 사원들을 애정으로 바라보라. 그래야 그들이 뚝심을 발휘한다. 핵심인재뿐 아니라 뚝심

인재는 다품종, 꼭 맞는 일을 맡겨라!

단기필마單騎匹馬도 제법 멋있다. 적진을 향해 앞장서 달려가는 장군처럼 처연하기까지 하다. 그러나 회사에선 쓸모가 적다. 단기필마가 오랜 버릇이 되다 보면 독불장군으로 바뀐다. 그런 사람이 연공을 쌓으면 아주 불편한 존재가 될 수 있다. 회사는 뭐니뭐니해도 팀워크가 중요하다. 1990년대 이후 벌어진 '인재확보전쟁war for talent'은 사실 뛰어난 개인을 잡기 위한 경쟁이었다. 성공한 케이스도 있지만 스카우트된 핵심인재들이 기존 집단과 섞이지 못하고 중도 탈락한 경우가 많았다. 경영자들이 인재를 뽑는 활동 못지않게 기존 직원들과 조화시켜 팀워크 극대화에 나서야 하는 이유다.

그러기 위해서는 팀원 한 사람 한 사람의 장점을 살릴 수 있는 시각을 가져야 한다. 팀워크 연구의 세계적 권위자인 영국의 메레디스 벨빈Meredith Belbin 박사는 어떤 팀에도 아홉 가지 다른 역할이 있다는 사실을 발견했다. 하나씩 예를 들어보면, 창의적으로 앞장서 일의 씨를 뿌리는 '파종자播種者', 이 아이디어를 받아들여 실행 차원으로 옮기는 '자원資源 탐구자', 그리고 팀을 통합하는 역할을 하는 '조정자coordinator'가 있다. 또 큰 그림을 그리는 '모형 제작자'와 전체 프로세스를 관찰하는 '평가자', 팀 전체에 활력을 불어넣는 '팀플레이어'도 중요하다. 이밖에 일을 몸으로 실천하는 실행자, 최종 단계를 마무리하는 완성자, 그리고 팀의 전문성을 높이는 전문가가 있다.

서로 다른 역할을 가진 사람들이 공동의 목표 아래 뒤섞여 일할 때 그 팀은 최대의 성과를 낸다. 아무리 뛰어난 핵심인재도 이 모든 잠재력을 갖고 있는 경우는 드물다. 또 팀 내에서 맡을 수 있는 역할도 한두 가지에 불과할 수밖에 없다. 갖고 있는 자원을 활용해 최대의 성과를 이뤄내기 위한 노력을 경영이라고 정의할 때, 가장 기본적인 활용 대상은 인적 자원이다.

인재도 회사에서는 중요하다. 직원들을 내몰면 A씨처럼 해외에서 방황하는 사람들이 늘어날 수밖에 없다.

인재에 관한 또 다른 이슈는 그 잠재력을 경영자들이 얼마나 잘 살려줄 수 있느냐다. 천리마 같은 역량을 가진 인재도 못 알아주면 결국 범재로 지낼 수밖에 없는 것이다. 공주고등학교를 졸업할 때 박찬호는 '공만 빠른' 투수였다. 프로구단으로부터도 냉대를 받았다. 하지만 그는 한양대학교 재학 시절인 1993년 미국 유니버시아드대회에 출전한 것을 계기로 운명이 바뀌었다. 스카우터 스캇 보라스^{Scott Boras}가 그의 재능을 알아본 것이다. 한국 최초의 프리미어리거 박지성도 거스 히딩크^{Guus Hiddink} 감독이 없었다면 평범한 선수로 남았을지도 모른다. 자기 분야에서 성공한 인재를 보면 이렇게 그를 발견한 인물이 있다. 과거 실적보다는 미래 가능성을 볼 줄 아는 경영자가 있어야 인재는 스스로의 잠재력을 한껏 발휘해 세계적인 인재로 자라나는 것이다.

경영자의 가장 큰 책임은 미래를 이끌 인재를 찾아내 기르는 일이다. 잭 웰치는 "핵심인재는 사랑받으며 육성돼야 한다. 왜냐하면 이들이 기적을 일으키는 사람들이기 때문이다"라고 했다. 천리마를 알아보지 못해 굶겨 죽이는 우를 범하지 않으려면 사람의 능력을 보는 데 각별한 신경을 써야 한다. 인재를 알아보는 방법론을 갖고 있어야 하며, 무엇보다 먼저 애정이 있어야 한다. 마쓰시타 고노스케처럼 "직원들이 모두 나보다 위대한 사람

으로 느껴지는” 수준까지는 아니더라도 애쓰는 모양을 안쓰러워
할 줄은 알아야 한다.

두 번째로는 하고자 하는 의욕을 높이 사줘야 한다. 재주는 있
는데 의욕이 없는 것보다, 재주가 없어도 자꾸만 일을 벌이려는
사람이 ‘사고를 칠’ 가능성이 훨씬 높다. 끝으로 직원들에게 일
에서 ‘의미’를 찾을 수 있도록 동기를 부여해야 한다. 돈이 목표
면 ‘생업’이요, 인정받는 것이 목표면 ‘식업’이 되지만, 의미 찾
기가 목표가 되면 그에게 일은 ‘천직’이요 ‘소명’이 된다.

기술과 지식이 급변하는 시대에 조직의 운명은 인재에 달려
있다. 지금 회사 내에 좋은 인재가 많다고 해도 마음을 놓아서는
안 된다. “경기가 좋아지면 많은 사람들이 직장을 떠날 것이다.
가장 먼저 떠나는 사람이 실적이 가장 우수한 인재일 것”(피터
치즈^{Peter Cheese} 런던경영대학원 교수)이기 때문이다.

이쯤 되면 경영자들 가운데 고개를 갸웃하는 분들도 있을 것
이다. 핵심인재, 뚝심인재, 잠재력 높은 천리마 같은 인재…….
도대체 어떤 사람들을 인재로 봐야 하는가. 시대에 따라 또 회사
마다 필요한 사람이 다를 테니 말이다. 특히 21세기가 시작되고
서도 10년이 지난 시점에서, 또 미국발 경제위기 이후 전 세계
적인 인재이동이 본격화된 시점에서 우리는 어떤 사람을 인재로
보아야 하는가.

인재개발 분야의 세계적인 권위자 구루인 데이비드 울리히

David Ulrich 미시간대학교 석좌교수는 2009년 11월 서울에서 열린 '글로벌 인재포럼 2009'에서 "미래인재는 일을 할 수 있는 역량이 있고 기꺼이 나설 수 있는 의지가 있으며 일터에서 스스로 보람을 찾는 가치관을 가져야 한다"고 말했다. 당시 다른 참가자들이 강조한 인재의 덕목도 이와 크게 다르지 않다. 예를 들면 지식보다는 다양한 경험과 인성을 갖춰야 하고, 개혁가의 면모를 지니고 있어야 하며 호기심이 많고 의사소통 능력이 뛰어나야 한다. 또 변화하고 싶어하는 의지와 변화를 두려워하지 않는 용기, 끝으로 남과 함께 일하는 협업능력을 갖춰야 한다. 지식이나 기술이 아니라 혁신이나 창의력이 중시되는 21세기형 인재의 모습이 어느 정도 그려질 것이다.

사실 인재에 관한 논의의 역사는 그리 오래되지 않았다. 1990년대 맥킨지의 라자 굽타 Rajat Gupta 전 회장이 '인재확보전쟁'이란 화두를 제기한 이후 인재는 기업은 물론 사회와 나라의 핵심 어젠다가 돼 왔다. 그런데 과연 누가 인재인가, 어떤 사람이 인재인가에 대해서는 결론을 내리기가 어려웠다. 좌뇌적 인재를 원한다면 좋은 학교를 우수한 성적으로 졸업한 사람을 뽑으면 된다. 그러나 우뇌적 인재라면 우리 현실에서는 뽑기도 만만치 않고 교육시키기도 어렵다. 그리고 대부분 지식 중심의 좌뇌적 인재들이 득실거리는 조직에 혁신과 창조 역량을 가진 우뇌적 인재들이 들어온다고 해도 그 조직의 경쟁력이 순식간에 올라가는 일은 생기지 않는다.

성장의 잠재력을 잃고 20여 년 제자리걸음을 하고 있는 우리 기업의 현실을 고려할 때 우리에게 당장 필요한 인재는 성장엔진, 그것도 지속 가능한 성장동력을 찾아내고 실제로 실현시킬 수 있는 인물이다. 일본을 대표하는 컨설턴트 오마에 겐이치는 우리 시대에 필요한 인재를 이렇게 정의한 적이 있다. "새로운 일을 벌이고 싶어 안달하는 사람." 바로 이런 인물들이 나타나야 경기 회복기에 새 기회를 잡고 인터넷으로 활짝 열린 글로벌 시대에 다른 지역에서 시장을 개척할 수 있는 것 아닐까. 이런 점에서는 '성장'을 가장 중요한 가치로 여기는 GE의 인재상이 좋은 참고가 될 것이다. 《하버드비즈니스리뷰》에 따르면 GE는 새로운 비즈니스를 개척할 때 필요한 인재의 덕목으로 다섯 가지를 제시하고 있다. 외부지향성, 단순명쾌한 사고방식, 상상력, 협업능력이다. 지식에 해당되는 '전문성'은 맨 뒷줄에 있다.

새로운 일을 하고 싶어 안달하는 사람을 길러내는 과정에서 가장 중요하게 봐야 할 직원들의 덕목이 바로 '의욕'이다. 많은 경영자들이 범하는 실수 가운데 하나는 창의력이 넘치는 문화를 만들겠다며 오히려 의욕이 있는 직원들을 낮춰보는 경향이 있다는 사실이다. 실제로는 기본적으로 의욕이 있어야 창의적인 아이디어를 낼 가능성이 높다.

모 방송국에서 공채를 거치지 않고 괴짜만 PD로 뽑아 태스크

포스를 운영한 적이 있다. 잘 '노는' 사람들을 모아놓으면 아주 재미있는 오락물을 만들 것 같아서였다. 결과는 대실패였다. 회의를 할 때는 너무나 창의적인데 문제는 그 다음 날 대부분 출근을 하지 않는 거였다. 근태관리가 안 돼 그 팀은 결국 해체되고 말았다.

창의적이긴 하지만 수동적이어서 조직에 적응하지 못하는 이런 직원들을 카네기멜론대학교 R. E. 켈리^{R. E. Kelly} 교수는 '소외자^{alienated follower}'라고 불렀다. 켈리 교수는 소외자를 포함해 직원을 네 부류로 나누면서 '효과적인 추종자'를 최고로, 의욕도 생각도 없는 '양떼^{sheep}'를 최악으로 꼽았다. 마지막 하나는 창의력은 좀 떨어지지만 적극적인 '예스맨'을 들었다.

소외자나 예스맨은 교육과 훈련을 더 받아야 할 B급 사원이라고 보면 된다. 그런데 굳이 둘 가운데 선택해야 한다면 누가 더 나을까. 요즘 유행하는 창조경영에 도움이 될 것 같아서인지 소외자가 낫다고 말하는 이들이 의외로 많다. 반면 예스맨에 대해서는 '손바닥이나 잘 비비는' 간신배쯤으로 생각하는 경향이 있다. 과연 그럴까?

상사가 평소 예스맨들에게 듣는 말은 주로 이런 것이다. "제가 할게요!" "일요일이요? 제가 나오죠 뭐." "휴가, 천천히 가지요." "밤에 작업해서 아침에는 보실 수 있게 해드리겠습니다." 반면 소외자들이 하는 말은 전혀 다르다. "우리 회사는 이게 문제예요!” “힘들어 죽겠어요. 일 좀 골고루 나눠주시면 안 될까요?” “또 회의예요?”

현대 기업의 성과는 종업원들의 의욕과 사기가 좌우한다. 예스맨은 실력이나 창의성은 떨어질지 몰라도 의욕만큼은 누구에게도 뒤지지 않는다. 회사에 보탬이 되는 아이디어는 자주 못 내도 회사의 방침을 일단 실천하려고 노력하는 성의도 있다. 반면 소외자들은 자신과 맞지 않으면 무조건 부성적으로 보는 경향이 있다. 대안은 내놓지 않으면서 비판만 하기도 한다. 예의 방송국은 결국 다시 국어, 영어, 상식을 시험과목으로 해서 PD를 뽑았다. 면접에서 각오를 묻자 한결같은 답변이 나왔단다. “열심히 하겠습니다!”

예스맨들이 분명 여러 가지가 부족하지만, 그들의 의욕까지 꺾어서는 안 된다. 시키는 것밖에 못하는 것같이 보여도 바로 그들이 있어 경영자인 당신이 할 일이 있고, 그로 인해 빛나는 것이다. 당신이 지시할 때마다 열심히 수첩에 받아 적는 그들을 애정 어린 눈으로 다시 보라. 평범한 그들이 회사를 지금까지 지키고 있는 주인공일지도 모른다.

예스맨이라고 하면 보통은 이렇게들 생각하는 경향이 있다. “일에는 머리를 안 쓰고 상사의 비위를 맞추는 데 잔머리를 굴리는 사람들, 아랫사람들의 어려움은 신경 쓰지 않고 윗사람이 시키는 것을 다 받아오는 간부들.” 바로 이런 선입견 때문인지

 경영자를 위한 변명

10년 전 외환위기 이후 우리 직장사회는 세대 간의 권력경쟁에서 뒷물결이 앞물결을 밀어내는 논리로 이 예스맨 비유를 자주 동원했다. 창의성이 필요한 시대가 된 만큼 구시대의 노하우와 경험은 더 이상 소용이 없다는 식이었다.

그 과정에서 새로운 인재상으로 떠오른 것이 바로 엉뚱하고 창의적인 신세대였다. 대기업들이 신춘문예 당선자, 게임대회 입상자까지 뽑으면서 이런 분위기를 선도했다. 신입사원 면접 때 노래도 부르고 춤까지 추는 일이 생긴 것도 같은 맥락이다. 그런 사회적 분위기가 퍼져가면서 '예스맨'들은 밀려나면서도 고개를 들지 못했다.

그러나 '예스맨의 죽음'이 가져온 효과는 오히려 부정적이라고밖에 할 수 없다. 근로의욕이 땅에 떨어지고, 이제 직장사회는 물론 군대에서도 '영令'이 서지 않는 일이 일반화됐다. 인쇄업체를 하는 모 사장은 "어쩌다 토요일 근무 한번 시키려면 직원들 눈치 보면서 사정사정해야 한다"고 말한다.

사실 예스맨은 아직 죽을 때가 아니다. 부정적인 이미지에도 불구하고 사실은 회사사회를 지탱하는 하나의 문화이기 때문이다. 생각해 보라. 예스맨이 사라지면서 함께 없어지는 것이 바로 '예, 한번 해보겠습니다'와 같은 자세다. 도전과 모험 정신이라고 이름 붙여줘도 된다. 실제 회사에서 출세하는 사람들은 절대 '노No'라고 말하지 않는 사람들이다. 또 예스맨의 덕목이 필수적인 분야가 분명히 있다. 군대나 경찰서, 소방서를 떠올려보라. 고장 한 번에 폭발사고가 일어날 수도 있는 화학공장에서는 어떨까?

선진국 문턱에서 수년째 전진하지 못하고 있는 우리나라에 지금 당장 가장 필요한 직업윤리는 자신의 일에 자부심을 갖고 개인보다는 조직의 미션에 충실하며 팀워크를 위해 희생할 줄 아는 정신이 아닐까. 경영자들은 예스맨으로 상징되는 의욕을 조직의 문화로 만들어갈 수 있어야 한다. 다만 무조건 예스가 아니라 잠재력이 부족해도 노력으로 이를 보충해 갈 수 있는 자기계발의 문화도 이끌어줘야 한다.

이런 맥락에서 주목해야 할 이론이 하나 있다. 능력은 타고난 것이 아니라 노력한 만큼 높일 수 있다고 주장하는 '노력지능Effort Based Intelligence 이론'이다. 미국 교육계를 중심으로 수년 전부터 주목받는 이 이론에 새삼 관심이 가는 것은 우리의 현실과 대비돼서다. 우리 기업들만 봐도 사원들의 '노력'에 후한 점수를 주는 관행이 사라진 지 오래다. 핵심인재도 노력이나 의지를 보고 뽑는 것이 아니다. 그동안의 실적이 기준이요, 심한 경우는 '간판'으로만 채용하기도 한다. 밖에서 사람을 새로 뽑을 때는 명분이 있어야 한다. 그래서 지금 있는 사람들보다는 '더 나은' 인재이기 때문에 뽑는다는 분위기가 형성된다. 대우도 그만큼 낫게 해준다. 그 과정에서 기존 사원들이 갖는 박탈감의 골은 깊어만 간다. 일할 맛이 떨어질 수밖에 없다. 물론 개중에는 경영진의 의도대로 외부 인재에 자극을 받아 오히려 더 노력하는 사람도 있을지 모른다. 어느 경우든 일할 맛을 높여주거나 더 노력하는 데 대해 보상을 해주지 않으면 기존 사원들은 포기하게 돼 있다.

노력지능은 하버드대학교에서 연구하던 사회심리학자 제프 하워드Jeph Howard가 1960년대 말 제기한 아이디어다. 그는 기존의 IQ 중심 인재관이 능력개발의 악순환을 가져온다고 봤다. 아이들을 IQ로 평가해 버리는 순간, 지력이 떨어지는 아이는 '쓸데없는' 지력개발 노력을 포기하게 되며, 포기한 만큼 지능과 능력은 더욱 나빠지는 악순환이 벌어진다는 설명이다. 핵심인재 확보 경쟁은 자칫 회사사회에 IQ 중심적 인재관을 심게 된다. 수많은 포기자, 탈락자를 낳을 수밖에 없다.

경영자는 외부 인재 몇 명 때문에 회사 전체의 능력이 나빠질 수도 있음을 잊지 말아야 한다. 해결방법은 기존 사원들에게 더 열심히 신나게 일할 수 있는 동기를 부여하는 데서 찾아야 한다. 앞으로 얼마만큼 정열적으로 노력할 것이냐에 더 큰 의미를 두고 인재관리를 노력지능 중심으로 전환하는 것이 시급하다는 얘기다.

경영은 장기전이다. '지금 당장'만 갖고 비교하면 밖에서 뽑은 핵심인재와 기존 사원의 격차는 클 수밖에 없다. 그러나 '회사를 끝까지 지킬 사람은 누군인가'를 따지면 기준은 달라진다. 그 기준을 세우고 평가하는 것도 최고경영자의 몫이다.

핵심인재도 잘 뽑고 의욕이 넘치는 예스맨들에게 기회를 주며 부하를 일로 흥분시키면 당신의 회사에도 미래인재가 넘쳐날 것이다. 경영자인 당신이 내부적으로 해야 할 가장 중요한 일은 바로 직원들의 마음을 잡는 일이다.

경영자의 말은 다르다

커뮤니케이션에 관한 한 경영자는 격이 있어야 한다. 말뿐이 아니다. 모든 의사소통에는 품격이 있어야 한다. 굴지의 대기업 그룹에 다니는 임원들 휴대폰으로 전화를 걸어보라. 어지간하면 컬러링이 없고 그냥 벨소리가 울린다. 어쩌다 컬러링이 있어도 귀에 익숙한 클래식이지 요란한 팝송이나 가요가 나오는 경우는 거의 없다. 왜 그럴까?

컬러링은 전화를 거는 사람이 듣는 것이기 때문이다. 대기업 임원쯤 되면 고객의 전화가 아니면 주로 상사, 즉 최고경영자가 거는 경우가 많다. 사장이 자신에게 전화를 건다면 십중팔구 바쁜 일이 있어서다. 회장이나 사장이 급해서 전화를 걸었는데 요란한 최신 유행가가 나온다고 생각해 보라. "이 친구 뭐 하고 다니는 거야!"라는 소리를 듣기 십상이다. 상대방에게 주는 내 이미지를 생각하면 컬러링은 빼는 것이 정상이다. 이것이 경영자가 하는 말과 행동, 즉 커뮤니케이션이 가져야 할 품격이다.

경영자의 말은 달라야 한다. 커뮤니케이션을 할 때 경영자가 신경 써야 할 것은 품격을 비롯해 한두 가지가 아니지만 무엇보다 중요한 것이 명확한 의사소통이다. 오해를 사면 절대 안 된다. 커뮤니케이션은 쌍방향이라는 데 문제의 초점이 있다. 내가 얘기를 했는데 상대방이 잘못 알아듣는 경우가 얼마나 많은가. 예를 들어보자. 초청장을 보냈는데 답을 안 하면 보통은 안 오는 줄 안다. 그런데 이런 사람이 있다. "안 온다는 얘기 없으니 오는 것으로 알겠다." 황당하지만 이런 식으로 커뮤니케이션하는 사람들이 있다.

돈이 움직이는 회사에서 경영자는 특히 말을 조심해야 한다. 직원들이 어떻게 해석할지 알 도리가 없어서다. 소통 부재는 정치판에만 있는 게 아니다. 심각성으로 보면 회사가 더하다. 해결의 칼자루? 당연히 경영자가 쥐고 있다. 커뮤니케이션의 질은 다름 아닌 사회적 관계가 결정한다. 같은 말이라도 상사가 하는 건 전혀 다르다.

특히 경영이 살얼음판을 걷는 위험한 시절에는 경영자가 먼저 메시지를 명확히 하고 말을 하는 조심성을 잃지 말아야 한다. "도대체 일하는 사람이 없어!"라고 던진 한마디가 명예퇴직을 예고하는 것으로 비치기도 하고, 누군가를 칭찬했더니 그가 다음 날 임원 후보로 거론되는 식의 일이 심심찮게 빚어지는 곳이 말 많은 회사사회다.

경영자의 말 한마디는 그 자체가 경영행위다. 특히 직원들의 행동양식을 규정하는 말은 아주 구체적일 필요가 있다. 사장이 단순히 "1등이 되자"고만 얘기하면 곤란하다. 영업부에서는 시장점유율을 높이기 위해 덤핑판매를 할지도 모른다. 마케팅 부서에서는 반대로 브랜드 1등을 위해 고가격 정책을 고집할지도 모른다. 사원들이 각자 땀 흘려 일하는데 성과가 나지 않는 건 이런 '불통不通' 때문이다.

옛날 무전기가 없었던 시절의 전쟁에서는 통신수단이 나팔과 북, 징 등이었다. 몇 번을 길게 치면 돌격하고 짧게 두드리면 퇴각하는 식이었다. 목숨을 걸고 한참 싸우고 있는데 그런 소리들이 제대로 들릴 수 있었을까? 실제로 전달이 잘못돼 퇴각하지 못하고 몰살당하는 경우도 적지 않았다고 한다. '불통'은 이렇게 사람까지 죽인다.

기업들이 벌이고 있는 '경제전쟁'에서의 성패도 그 논리가 이와 다르지 않다. 훌륭한 전략이 있으면 절반의 성공은 보장된다. 그러나 그 전략이 각 사업부와 사원들에게 제대로 전달되지 못해 회사 각 부분이 따로 돌아가면 아무 소용이 없다.

이런 말 한마디의 불통이 얼마나 심각한 문제를 낳는지를 설명하기 위해 이와 관련된 경영이론 하나를 살펴보자. 1992년에 회사의 전략을 어떻게 하면 전사적으로 실천할 수 있도록 관리할 수 있느냐의 문제의식으로 'BSC Balanced Scorecard (균형전략실행체계)를 창시한 하버드대학 로버트 캐플란 Robert S. Kaplan 교수는 최근 성과 측정 및 관리를 넘어 이제는 각 사업부와 사원들이 어떻게 하면 시너지 효과를 극대화하면서 회사의 전략을 제대로 실천할 수 있을까를 고민하는 '얼라인먼트 alignment (정렬)'가 화두가 돼야 한다고 강조한다.

정렬이란 일사불란하게 실행 가능한 조직체계를 만드는 일이다. 예를 들어 회사가 새로운 전략목표로 외형 확대보다는 수익성 제고를 내세웠는데도 각 사업부와 사원들이 덤핑판매 등 이전의 방식을 버리지 않는다면 아무 소용이 없다. 퇴각의 북소리가 울리건 말건 눈앞의 적을 하나라도 더 죽이려고 싸우는 꼴인데, 결국 큰 전쟁에서는 패하는 결과를 낳고 마는 것이다. 《하버드비즈니스리뷰》의 조사에 따르면 실행력이 떨어지는 원인은 '부적합하거나 유용하지 않은 자원'(21%) '전략 커뮤니케이션의 미흡'(14%) '불명확한 실행계획'(12%) '역할과 책임의 불명확'(11%) '부서 이기주의와 문화적 장애'(10%) 등으로, 전략·전술·행동 등의 정렬이 제대로 이루어지지 않는 경우가 대부분이다.

캐플란 교수는 철새인 가창오리를 예로 들면서 30만 마리가 한 무리를 이루어 날아갈 수 있는 것은 V자 대형을 이루는 과정에서 생기는 맴돌이류 덕분이라며, 전체가 하나로 '정렬'될 수 있기 때문에 나이 든 새나 어린 새들이 그 상승기류를 타고 작은 날갯짓으로도 오랫동안 날아갈 수 있는 것이라고 강조했다. 이 V자 대형에서 이탈하면 결국 낙오하고 마는 것이다.

전문가들은 국내에 들어와 있는 다국적기업들이 똑같은 환경에서도 국내 기업에 비해 훨씬 우수한 경영성과를 내는 이유로 '실행력을 높이기 위한 노력'을 들고 있다. 미션―비전―전략―전술―성과관리로 이어지는 일련의 과정에서 누수는 없는지, 낭비되는 자원은 없는지 끊임없이 반성하고 고쳐가는 선진 경영관행이 성과의 차이를 낸다는 얘기다. 경영자들은 '돌격 앞으로'의 명령이 신입사원들에게까지 제대로 전달되고 있는지, 회사의 경영체계는 정렬돼 있는지부터 살펴야 한다.

물론 성과관리 같은 중요한 경영 시스템이 말 한마디 때문에 뒤틀어지지는 않는다. 그러나 전사적인 정렬을 이루는 것을 목표로 경영자는 자신의 말 한마디에도 의미를 두는 버릇을 들일 필요가 있다. 뿐만 아니다. 세대 차이를 고려해 단어 선택도 잘 해야 한다. 최근 사장들을 만나보면 가장 큰 문제를 느끼는 연령대가 바로 30대라며, 20대는 자식과 같은 연령대여서 짐작이 가고 40대는 거의 동료처럼 잘 알겠는데 30대만은 이해할 수가 없단다. 이렇게 미묘한 말에 자신이 없으면 침묵하고 경청하는 것이 방법이다. 피터 드러커는 제대로 된 의사소통을 위한 조언으로 이렇게 강조했다. "부하직원이 자신의 문제를 스스로 먼저 얘기하게 하라."

그러나 회사 사장이 그저 침묵할 수도 없는 노릇이기 때문에 말 잘하는 법도 배워야 한다. 스웨덴 스톡홀름대학의 요나스 리더스트럴러Jonas Ridderstrale 교수는 "진정한 리더는 최고 이야기꾼CSO, Chief Storytelling Officer이다"고 강조하고 있다.

잭 웰치 전 GE 회장이 후계자를 결정할 때 가장 중시한 것도 바로 '대중 연설과 프레젠테이션 능력'이었다. 주주들을 설득하고 종업원들을 흥분시킬 수 있는 설득력이 중요하다고 본 것이다. 그렇게 뽑힌 제프리 이멜트Jeffrey R. Immelt 현 회장은 웰치만큼이나 '말발'이 센 것으로 유명하다.

사장은 자신의 생각과 포부, 회사의 전략과 계획이 직원들에게 제대로 전해지는지에 대해 끊임없이 고민해야 한다. 커뮤니케이션이 제대로 이뤄지지 않으면 애초에 의도했던 결과물이 나올 수 없기 때문이다. 몇 마디 툭 던지고 마는 권위적 CEO가 있는 회사에 토론문화란 없다. 이런 풍토에서 창의성이나 자발성은 자라나지 않는다. 그래서 필요한 것이 적확한 예화anecdote다. 자신의 얘기를 들려주되 건조한 연설이 아니라 재미난 비유를 보여주는 것이다.

고 이병철 삼성 창업주의 '메기론'이 지금도 자주 인용되는 이유는 이야기가 그럴듯하기 때문이다. 사내에 경쟁 분위기를 조성해야 회사도 더 발전할 수 있다는 이야기는 재미도 없고 감동도 적다. 그러나 메기를 풀어놓으면 위기의식을 느낀 미꾸라지들이 살아남기 위해 더 열심히 움직이고 결국 살도 더 통통하게 찐다는 예화는 명쾌하다. 어느 쪽이 전파력이 강할지는 따져볼 필요도 없다.

사장은 자신만의 목소리로 회사의 비전과 나아갈 방향을 얘기할 수 있어야 한다. 거기에 더해 결정방식이 일관되고 인간적인 설득력까지 갖췄다면 금상첨화다. 경영진의 뜻이 물 흐르듯 돌아다니는 회사를 꿈꾼다면 사장이 먼저 이야기꾼이 돼야 한다. 직원들이 '사장님 이야기'를 듣고 싶어할 정도가 돼야 이상적이다.

경영자의 커뮤니케이션에서 말만큼 중요한 것이 바로 이미지 관리다. 《로마인 이야기》에서 가장 재미있는 '율리우스 카이사르' 편에 나오는 인상적인 대목 하나를 인용한다.

적에게 고립됐던 병사들을 구하기 위해 달려온 총사령관 카이사르는 산발한 채 한 사람 한 사람의 이름을 부르며 병사들의 손을 잡았다. 급한 마음에 기병만 이끌고 며칠을 달려오느라 머리를 매만질 시간이 정말 없었을지 모른다. 그러나 그보다는 병사의 마음을 사로잡을 줄 알았던 그만의 감성경영이었고 이미지 관리였다.

카이사르는 부하들을 흥분시키는 데도 놀라운 능력을 보였다. 9천 명이 넘는 전우를 잃고 충격에 빠진 병사들을 모아놓고 그는 "신들의 도움과 여러분의 용기로 이미 복수를 끝냈다"고 웅변을 토했다.

작가 시오노 나나미는 카이사르가 위기를 넘긴 후 짧은 시간 동안 취한 일련의 조치를 이렇게 평한다. "뒤돌아보지 않는 성격의 총사령관에게 일개 졸병까지도 물들고 있었다." 경영자인 당신의 생각과 비전은 직원들에게 어느 정도 물들어 있을까.

이미지 관리는 감성경영과도 깊은 연관이 있다. 마음을 움직이는 건 마음이다. 아무리 숫자를 들어가며 경제전쟁이라고 소리 높여 외쳐도 사람들은 시큰둥해한다. 차라리 리더가 이리저리 뛰어다니고 몸으로 부딪치는 게 더 낫다. 때로 퀭한 눈에, 면도하지 않은 얼굴이면 또 어떠랴.

전쟁 중에는 원래 그런 것이다. 이순신의 경우도 10대 1의 절대적 열세였던 명량해전에서 대장선을 몰아 빗발치는 화살과 포탄을 뚫고 적진으로 들어갔다. 적의 규모에 겁먹고 도망가던 부하 장수들이 대장군을 죽게 할 수 없다는 절박한 마음에 목숨을

눈물 한 방울로 위대한 경영은 시작된다

경영에 감성이란 단어가 붙은 지는 그리 오래되지 않았다. 최근이라고 봐도 좋다. '칭찬' '배려' '경청' 등 두 글자 제목의 책들이 경영서로 유행하면서 감성은 경영의 중요한 키워드가 됐다. 그런데 경영자에게 왜 감성이 중요한 것일까.

경영자는 인간의 필요, 아픔, 정서에 대한 감수성으로 수요를 예측할 수 있어야 하며, 예측한 수요를 충족할 수 있는 수단으로서 과학과 기술을 이해해야 한다. —윤석철, 《경영학의 진리 체계》

경영에서의 감성은 내부지향적인 용어가 아니라 이렇게 외부지향적인 개념이다. 경영자에게 감성이 필요한 이유는 시장을 제대로 알고 비즈니스 기회를 잡기 위해서다. 비즈니스의 출발은 사람들이 필요로 하는 상품, 제품, 서비스를 찾아내는 것이다. 이중 가장 먼저 해야 할 일은 수요를 찾는 것이다. 수요를 알고 난 다음 거기에 적합한 상품이나 서비스를 만들어내는 것은 어쩌면 남들이 모두 해줄 수 있는 부분이다. 그런 점에서 새로운 수요를 찾아내는 기본능력인 감성은 경영자에겐 필수역량이라고 할 수 있다.

감수성의 대표격인 공감은 실천하기는 어렵지만 성과는 크다. LG전자는 작은 글자를 읽기 어려워하는 중장년의 마음에 들어갈 수 있었기에 글자가 크고 다루기 편한 실버용 휴대폰 수요를 발견할 수 있었다. 윌로스 켈로그는 빵에 들어간 이스트 때문에 속쓰려하는 환자들의 아픔을 잘 알고 있었던 덕분에 시리얼을 개발할 수 있었다.

문제는 이성과 감성의 이분법에 익숙한 상당수 경영자들이 감성훈련을 받아본 적이 없다는 데 있다. 할 수 없다. 스스로의 감정에 솔직해지는 연습부터 하라. 좋으면 웃고 싫으면 화내는 것도 훈련이다. 일부러 시도 읊고 소설도 읽어야 한다. 때론 눈물 좀 흘리면 어떠랴. 머리가 아니라 가슴으로 공감할 때 감수성은 길러지고 감성경영이 시작되는 것이다.

걸고 싸웠고 그 결과 승리를 거둘 수 있었다.

전쟁이 영웅을 낳는다. 우리의 경제전쟁이 끝날 즈음이면 비즈니스 영웅들도 새롭게 등장할 것이다. 그때 승리자가 되고 싶다면 감성경영이란 새 덕목을 빠뜨리지 마라. 현장경영, 모범의 리더십 등이 실천강령이 될 것이다. 작위적이라고? 카이사르는 2천 년 전에 말을 달리면서도 어떤 모습으로 부하들 앞에 나타날 것인가에 신경을 썼다. 부하들을 감동시키기 위해서 말이다. 경영자의 말과 행동은 이렇게 달라야 한다.

거대수요를 찾아내라

"후배 사장들을 만나면 얘기를 오래 못해요. 야단친다고 생각하는지 인상도 구겨지고요. 다 안다는 표정이에요. 경영은 뭐같이 하면서……."

국내 굴지의 대기업 사장을 끝으로 은퇴한 한 원로가 얼마 전

식사 자리에서 한 말이다. 요지는 "블루오션이든 빅싱크든 해보지도 않고 안 된다는 말부터 한다"는 것이었다. 실제가 그렇다. 블루오션 전략이 국내에 소개된 지 벌써 7년여. 닌텐도를 비롯한 유수의 기업과 세계 각지의 벤처 기업가들이 그 사이 세상을 뒤바꾼 블루오션을 개척해 왔지만 국내에는 오히려 '경영은 역시 말장난'이란 회의론만 남긴 느낌이 들 정도다. 그런 분위기 속에서, 설상가상 세계 경제위기의 여파로, 블루오션을 만들겠다는 꿈을 가진 사람들이 점점 줄어드는 것 같아 안타까울 뿐이다. 그러나 블루오션은 개척자를 기다리며 거기에 살아 있다. 경기 회복기에 들어선 이때 큰 기업이든 작은 기업이든 세상에 큰 물결을 일으키겠다는 각오를 해야 한다.

블루오션은 쉽게 말하면 업종 개척의 역사다. 시장의 변화가 있으면 그 변화는 큰 수요를 형성한다. 그 수요를 먼저 읽어 꼭 맞는 상품과 서비스를 만드는 것이 바로 블루오션 전략이다. 주위를 보라. 예를 들면 '중장년'이라는 거대집단이 있다. 젊은 사람들보다 더 격변의 인생을 살고 있는 이들의 생활에서 변화를 읽어내고 그 변화 속에서 팔 물건을 찾아내야 한다. 인구의 중심이 중장년이 되면 달라질 것이 너무 많다. 상품가격을 이들은 어떻게 받아들일까. 잘나가는 중장년은 가격보다는 가치를 찾을 것이고, 고생하는 중장년은 아주 싼 물건을 사려고 할 것이다. 우리 기업들이 지금 팔고 있는 것은 이도 저도 아닌 평균가격 아닌가.

패션은 어떻게 봐야 할까. 서구처럼 원색 옷을 즐겨 입는 로맨스그레이들이 늘어나지 않을까. 집은 또 어떤 트렌드를 타게 될까. 더 이상 자식들이 잘 찾지도 않고, 자주 온다고 해도 자고 가지는 않는 이 시대에 과연 평수만 넓은 집을 이들은 계속 고집할까. 이들을 위한 휴대폰도 디자인 중심으로 계속 모델명을 바꿔가며 출시해야 할까. 이들이 원하는 것은 어쩌면 원초적인 통화 기능뿐인 것 아닐까. 이런 질문들이 모두 새로운 시장을 창출하는 열쇠가 될 수 있다. 아직도 20대를 위한 광고만 생각하는 회사라면 고객 리스트부터 다시 정리해야 한다.

중장년뿐만 아니다. '여성'도 새로운 블루오션의 기회를 제공하는 거대한 집단이다. 여성의 구매력이 남성과 비교가 되지 않을 정도로 높아졌다. 남자가 사는 것은 이제 골프채와 게임기밖에 없다는 조사 결과도 이미 나왔다. 미국에서 재미있는 실험을 했다. 특정 브랜드의 청바지를 사라는 미션을 수행하러 남녀가 따로 백화점에 갔다. 남자는 그 매장에 바로 들러 6분을 머물고 33달러어치를 샀다. 여자는 다른 매장까지 다 둘러보느라 3시간 26분을 머물렀고, 쇼핑 액수도 876달러나 됐다. 귀사의 고객 중 여성은 과연 몇 %인가?

시장의 변화 중에 가장 중요한 것은 인구구성의 변화다. 피터 드러커는 인구구성의 변화를 중요한 혁신기회로 보며 "너무 속도가 느리기 때문에 사람들이 잘 알아차리지 못하지만 가장 확실한 혁신기회가 바로 인구구조의 변화"라고 했다.

우리 사회에서 나타나는 인구구조의 변화는 중장년이 늘어가는 것이지만 구체적으로는 50대들이 앞으로 어떤 선택을 할지가 초미의 관심사다. 55년생부터 63년생까지 무려 700만이 넘는다는 베이비붐 세대들이 올해부터 은퇴하게 되면서 이들이 은퇴 후 어떤 생활을 하게 될지에 온 관심이 쏠리고 있다. 그 가운데 대표적인 집단인 '58년 개띠'들을 한번 자세히 살펴보자. 이들은 '386'에도 '486'에도 아슬아슬하게 끼지 못한 세대로 벌써 52세, 우리 나이로 쉰셋이다. 기업에 다닌다면 간부 이상의 직급이요 임원이 될 군번이다.

이름보다 먼저 '58년 개띠'라고 밝히는 이 사람들을 이제 다시 주목해야 한다. 그들의 선택이 우리의 향후 수십 년을 좌우할지도 모르니까. 1974년 고등학교에 진학한 '58년 개띠'들은 서울이나 부산에 살았다면 고교평준화의 첫 세대다. 처음으로 고교입시를 면제받은 대신 운 좋게 '좋은' 학교를 들어가도 '뺑뺑이'라는 천대를 받았다. 58년생은 이제 3, 4년 사이에 대부분 회사를 떠나야 하는 운명을 맞는다.

그들이 이제까지 선배들이 그랬던 것처럼 모든 것을 자식에게 다 뺏기면 대부분 도시빈민으로 전락하거나 귀농할 가능성이 높다. 반대로 이들이 작심하고 자식들과 결별해 경제 독립선언을 하면 나름대로 '화려한 중년'을 맞을지도 모른다. 중장년 세대의 중심이 될 이들이 도시빈민이 되면 집값이 떨어지고 내수도 위축될 것이다. 반대의 경우라면 새로운 소비계층이 등장할 수도 있는 것이다.

1958년에 태어난 인구는 75만 8천 명이다. 가난의 끝물에 태어나 부모덕도 못 봤기에 자수성가를 한 마지막 세대이기도 하다. 이렇게 '58년 개띠'만 봐도 시장은 저 멀리 다른 나라에만 있는 것이 아니다.

마이너가 메이저로 바뀌면 혁명이 일어난다. 중장년과 여성이 사회의 중심이 되는 것은 정치적 정권교체와는 비교할 수도 없을 만큼 큰 변화이지만 우리가 스쳐 지나고 있는 수많은 새 트렌드의 하나일 뿐이다. 50대들이 다시 사회의 중심세력에서 멀어져가고 40대들이 밀려오는 과정에서 새로운 변화가 일어난다. 경영자들은 이렇게 가까이 있는 것에서 본질적인 변화를 찾아내야 하고, 그 변화에서 큰 트렌드를 잡을 수 있는 능력을 길러내야 한다. 트렌드 속에 기회가 있다.

비즈니스 세계에서 가장 위험한 일은 위험에 도전하지 않는 것이다. 기를 쓰고 도전해도 잡을 수 없는 것이 비즈니스 기회다. 기회라는 것의 본질이 그렇다. 그리스 신화에서 카이로스는 제우스의 아들이자 기회의 신이다. 카이로스는 앞머리가 길고 숱도 무성하지만, 뒤통수엔 머리카락이 없다. 앞머리가 무성해

앞에서 잘 알아볼 수 없고, 그가 카이로스라는 걸 알아차렸을 때는 쉽게 붙잡을 수 없다는 뜻이다.

최근 10년 사이 혜성같이 나타나 글로벌 초우량기업으로 우뚝 선 구글, 알리바바닷컴 등 신생기업들은 모두 인터넷과 글로벌이라는 카이로스를 앞에서 움켜잡았다.

물론 무작정 기다리고 있어서는 안 된다. 기회를 잡을 준비를 철저히 해야 한다. 예의 카이로스는 저울과 반달칼을 들고 있다. 기회를 잡으면 저울로 정확히 판단하고 칼같이 결단하라는 의미라고 한다. 평소에 이런 경영연습을 해둬야 한다.

요즘 중소기업 사장들을 만나보면 가장 큰 고민이 '넥스트 아이템next item'이라고 한다. 이제까지 돈을 벌게 해준 제품이나 상품의 수요가 줄어들 것에 대비해 다음에 판매할 미래상품을 찾아야 하는데 뾰족한 수가 없다는 설명이다. 너무 기술적인 요인에만 집중하지 않는다면 거대한 수요를 찾아내는 건 어렵지 않다. 변화를 읽으면 된다. 제도가 바뀌는 것에도 집중하라. 새로운 변화에는 반드시 새로운 수요가 나타나게 돼 있다. 과거에 있던 수요가 갑자기 사라지는 것도 중요한 사인이다. 시장에 균열이 갈 때 수요는 요동치게 돼 있다. 자기 분야의 변화만 잘 보고 있어도 수요는 찾아낼 수 있다.

물론 그 수요를 어떻게 시장창출과 연결시킬지는 다른 문제다. 새로운 아이템을 찾는다면 위험요인보다는 기회요인에 초점을 맞춰야 한다. 자칫 생길지도 모르는 위험요인을 너무 고려하다간 카이로스의 뒤통수만 만질 가능성이 높다. 트렌드를 잡아라. 눈을 크게 뜨고 호흡을 가다듬어라. 기회가 저기서 달려오고 있다고 믿으며.

CEO는 문제해결사

"타고 가던 차가 다른 차와 부딪혔다. 교통은 마비되고 당신은 다리를 다친 듯하다. 가장 먼저 해야 할 일이 무엇인가?"

운전면허 갱신 교육에서나 나올 법한 질문이지만 사실은 초등학생용이다. 말레이시아에서 최근 도입한 문제해결problem solving 과목에서 나온 '문제'다. 과연 산수가 필요할까, 외국어 능력이 필요할까? 초등학생들은 언젠가 겪을지 모를 이 일에 대해 고민하고 동료와 의논하고 논쟁하며 결국 나름의 해결방안을 내놓는다. 전해 들은 얘기라 확인할 길이 없지만 가장 설득력 있는 답변은 "목격자를 먼저 확보한다"였다고 한다.

회사에서 일어나는 경영상의 결정도 결국 문제해결의 연속이다. 문제를 붙잡고 이왕이면 효과적effective인 방향을 정하고 효율적efficient인 과정을 만들려고 노력하는 것이 제대로 된 회사가 하는 일이다. 그런데 문제해결이라고 하면 과거 지향적인 것으로 생각하기 쉽다. 그래서 문제해결이 중요하지만 실무자의 일로 여기지 CEO의 과제로 보지 않는 경향이 있다.

그러나 한발만 더 들어가면 문제해결이 바로 CEO의 가장 큰 역할임을 알 수 있다. 단 그때의 '문제'는 내부문제가 아니라 우리 고객과의 문제요, 시장의 고민거리여야 한다. 시장이 가장 고민하는 문제를 해결하는 것은 곧 시장이 필요로 하는 가치를 찾아내는 것과 같다. 상대방이 가장 어려워하는 문제를 헤결하는 데서 그들조차도 잘 알지 못하던 가치를 찾아낼 가능성이 높아지는 것이다. 시골 사람들이 생필품을 싸게 구할 수 없어 도시까지 차를 타고 나가야 하는 그 '문제'를 해결한 것이 바로 1960년대 초반에 등장한 월마트였다.

고객뿐 아니라 직원이 가진 문제도 해결해 줘야 한다. 리더십과 관련한 각종 조사를 보면 리더십 덕목 가운데 절대 빠지지 않는 것이 '일과 관련된 문제해결 능력'이다. 부하들은 성격이 아무리 좋아도, 인격이 아무리 후덕해도 일 앞에서 쩔쩔매는 상사를 존경하지 않는다. 그러므로 회사사회의 리더는 평소에 부지런히 문제해결 능력을 길러야 한다.

노력도 열심히 하고 앞에서 얘기한 대로 트렌드도 살피기 위해 노력해야 한다. 그런데 가장 중요한 것은 자신이 직접 나서야 할 때를 알고 나서주는 일이다. 임원급 이상을 통칭하는 경영자 또는 경영진은 사내에서 '높은' 자리다. 높은 만큼 하는 일도, 책임도 많다. 경쟁을 뚫고 올라간 사람들이라 개인 역량도 우수하다. 그러나 존경받는 경영자와 그렇지 못한 경영자는 분명히 있다. 그 차이가 뭘까? 직원들은 성과로만 평가하지 않는다. 대신 경영자들이 어떤 일을 좋아하고 또 즐겨 하느냐를 자세히 보는 경향이 있다.

직원들의 눈으로 볼 때, 일을 대하는 방식에 따라 경영자들은 크게 둘로 나뉜다. 하나는 아랫사람들이 일을 다 하게 하고 자신은 최종적으로 결정을 내리거나 각종 행사에 참석하는 것을 선호하는 경영자다. 이 경우 경영자 자신은 중요한 일을 한다고 생각하는 반면 직원들은 경영자가 하는 일을 '쉬운 일'로 여긴다. 이것이 "사장, 회장이 뭐 하는 일이 있다고 내 연봉의 10배, 20배를 받아 가느냐"는 식의 플래카드가 대기업 노조 농성장에서 자주 보이는 이유다.

두 번째 타입은 쉬운 일은 직원들에게 맡기고 자신은 주로 '3D', 즉 어렵고 더럽고 위험한 일만 처리하는 경우다. 고소하겠다는 민원인, 손봐주겠다는 공무원들을 직접 만나 읍소하며 해결하는 스타일이다. "해결 안 되는 것은 전부 갖고 오라"고 자주 외치는 사람들이다.

물론 경영자라면 중요한 일도, 어려운 일도 결국 자신이 모든 책임을 져야 한다. 그러나 직원들이 보기에는 큰 차이다. 중요한 결정만 하겠다는 경영자들은 자칫 '귀족스럽다'는 지적을 받기 쉽다. 손에 피나 기름때를 묻히기보다는 명품 볼펜을 들고 사인하는 것을 사장의 역할로 여기기 때문이다.

요즘같이 시장환경이 최악인 상황에서는 "열심히 알아서들 하라"고 말만 하는 사장보다는 소매를 걷어붙이고 같이 뛰어드는 경영자를 직원들은 원한다. 직원들은 어려운 때일수록 경영자에게 눈을 돌린다. 그러나 직원들이 보는 것은 경영자의 '입술'이 아니라 '발'이다. 말이 아니라 행동을 믿고 싶은 것이다. 대표적인 실행의 리더로 꼽히는 카를로스 곤^{Carlos Ghosn} 닛산 회장은 "아무리 좋은 아이디어도 50%에 불과하다"고 말한다. "어떻게 실행하느냐가 나머지 50%를 결정한다"는 설명이다.

당연히 회사의 실행력은 힘들고 더럽고 어려운 일일수록 자신이 직접 결정하고 해결하겠다는 경영자들이 앞장설 때 높아진다. 놀라운 것은 경영자가 "어려운 일은 내게 맡겨라"고 외칠수록 직원들도 가만있지 않는다는 사실이다. 선배에게 어려운 일을 시킬 수 없다는 자신의 판단이 실행의 모티프로 작용하기 때문이다. 경영의 인간적인 면이 바로 이런 것이다.

그런 점에서는 경영자가 하는 '영업'도 좀 달라야 한다. 이왕이면 결정적인 판단을 내릴 수 있는 힘센 영향력자를 만나야 한다. 평화로운 시기에는 유학^{儒學}이 번성하지만 전쟁이 나면 도가^{道家}와 불가^{佛家} 철학이 유행하는 것처럼 경기가 어려울 때는 영업맨들이 뜬다. 회사마다 새로운 스타가 등장해 '영업의 달인'

이라는 칭호를 얻기도 하고, 그들이 올린 성과 덕분에 회사 전체가 살아나기도 한다. 대형 거래선을 상대하는 대기업 영업부를 제외하면 여전히 영업은 기피 부서다. 특히 사람 만나는 것을 부담스러워하는 사람들에게 영업부서 발령은 '나가라'는 사인으로 읽힌다.

실제로 영업은 고생스럽다. 고객으로 만들기 위해 수백 쌍의 커플을 맺어준 가전 판매왕이 있다. '잘못 되면 뺨이 석 대'라는 중매를 성사시키기도 어렵거니와 그들이 결혼에 이르러 혼수를 마련하기까지 걸리는 긴 시간을 생각해 보라. 대출 영업맨들은 새벽녘 아파트 우편함에 전단지를 넣을 수 있어야 문의전화라도 온다. 까다롭지 않더라도 고집스런 경비 아저씨들의 마음을 잡기 위해 이들은 발품만 수개월을 팔아야 한다. 이런 영업맨들이 있어 회사에는 희망이 생긴다. 남들이 경기를 탓할 때, 더 이상 방법이 없다며 고개를 저을 때, 영업맨들은 사람들을 만나고 감동시키며 지갑을 열게 한다.

경기가 좋지 않으면 얼어붙은 시장을 녹이겠다며 영업전선에 출사표를 던지는 경영자들이 늘어난다. 판매현장에 나가 영업사원들과 함께 손님들에게 90도 인사를 한다. 이벤트로는 괜찮아 보이지만 성과는 '글쎄'다. 평생 을z 역할을 해본 적이 없는 사장들이 세상 쓴맛을 체험하는 것을 성과라고 한다면 몰라도 경영자들이 영업현장에 나가는 데는 세심한 접근법이 필요하다.

경영자들은 영업을 할 때도 일반 직원들과는 다른 고객을 상대해야 한다. 고객은 세 종류다. 돈을 내고 사는 사람인 구매자purchaser, 직접 물건이나 서비스를 쓰는 사용자end-user, 그리고 이들의 구매행위에 영향을 끼치는 영향력자influencer다. 이 가운데 구매자는 영업사원들이 만나야 한다. 경영진이 구매자를 직접 만나기 시작하면 기존 영업사원들은 교섭력이 떨어질 수밖에 없다. 사용자는 광고를 통해 만나거나 마케팅 행사를 통해 접촉할 수 있다. 그러나 영향력자는 경영자들이 만나야 한다.

영향력자는 다양하다. 다른 회사의 사장, 최고재무전문가CFO, 사외이사는 물론이고 지역 정치인, 지방자치단체장, 저명 교수 등이 모두 영향력자다. 각종 이익단체, 사회단체, 언론인들도 빠뜨릴 수 없다. 이들은 소비문화의 방향을 결정짓는 막강한 영향력자들이다. 어려운 시절이라고 해서 경영자들이 영업 일선에서 어슬렁거릴 필요는 없다. 경영자가 챙겨야 할 고객은 따로 있는 법이다.

어려운 시대의 경영자일수록 문제해결 능력을 길러야 한다. 그리고 이왕이면 직원들 수준에서는 어려운 일, 그리고 한번 해결로 회사의 성패가 결정나는 중요한 일, 그리고 사장이 '떠야' 해결될 만한 일에 해결사로 나서는 것이 중요하다.

회사를 실리콘밸리처럼

미국발 경제위기로 더 깊이 실감하게 됐지만 우리 경제는 1980년대 말 이후 성장 추세선이 내리막길이었다. 고비용 구조 때문에 가격경쟁력을 잃었고, 지식습득과 기술축적 중심의 '모방경제'도 한계를 드러냈다. 이런 저성장의 늪에서 빠져나오기 위해 많은 회사들이 21세기 들면서 혁신·창조 역량에 목말라했다. 우리 기업들이 혁신·창조 방법론인 '블루오션 전략'에 열광한 데는 이런 이유가 있다.

수년째 경기침체로 모든 회사들이 살아남기에 바쁘지만 이럴 때야말로 땀 흘려 생산성을 높이는 20세기 방식과 이별을 고하고 전 직원들의 혁신·창조 역량을 어떻게 하면 더 높일 수 있을까에 전력을 기울여야 한다.

직원들의 상상력을 길러주고 회사를 혁신적이고 창조적인 조직으로 만들기 위해 필요한 것은 많다. 우선 직원들에게 '다른 일'을 할 수 있게 해야 한다. 혁신은 주변부끼리 부딪히는 데서 일어나고 창의성은 이질적인 접촉에서 높아지기 때문이다. 구글이 직원들에게 근무시간의 20%는 직무와 전혀 상관없는 자유시간으로 쓰게 하는 데는 이런 이유가 있다. 수시로 사내벤처를 공모해 신규사업 기회를 모색하는 것도 좋은 방법이다.

이런 제도를 마련한다고 회사가 갑자기 창의적으로 바뀌는 건 아니다. 그러나 이런 장치를 늘려가는 과정에서 엉뚱한 아이디어를 장려하는 기업문화가 생기고 그 가운데서 놀라운 히트상품도 나올 수 있다.

"어떻게 벤처하는 애들보다 아이디어가 적은지 몰라!"

비교적 혁신적으로 알려진 한 중견기업 K사장의 말이다. 최근 만난 그는 입이 나와 있었다. 회사에 일반 벤처와는 비교할 수 없을 정도로 뛰어난 인재가 많은데도 신규 서비스 경쟁에서 번번이 밀리고 있다고 했다. 글쎄, 정말 직원이 문제일까? 혁신상품을 내놓은 데 대기업이 벤처나 때로는 1인기업에까지 밀리는 것이 과연 직원들이 놀아서일까?

대기업들이 공통적으로 안고 있는 고민이기도 한 이 문제의 핵심은 사실은 아이디어를 받아들이고 실현시키는 회사 시스템에 있다.

생각해 보자. 누군가 좋은 아이디어를 갖고 있다면 벤처 생태계에서는 어떻게든 실현된다. 벤처캐피털 A사에서 퇴짜를 맞으면 B사로 가고, 거기서도 안 되면 C로 옮겨가고, 거기서도 투자를 못 받으면 팔아버릴 수도 있다. 회사에서는 어떤가. 직원들의 아이디어는 직속상관 1명, 더 있어봐야 신규사업 담당 1명 정도가 스크린한다. 운이 나쁘면 아이디어는 나오자마자 죽게 돼 있다. 아이디어 가치를 몰라주는 회사가 야속해 뛰쳐나가는 직원도 적지 않다. 이들이 나가서 성공하는 사례도 부지기수다. 그러니까 사내에서 아이디어가 죽는 것은 아이디어 공급이 부족해서가 아니라 수요가 적은 탓이다. 그러니 아이디어는 헐값이 되고 때로는 그냥 버려지는 것이다.

사실 큰 문제는 바로 경영자에게 있다. 대부분의 경영자는 과거의 성공경험이 많기 때문에 자신의 방식을 고집하게 돼 있다. 위험해 보이는 아이디어나 논리가 부족한 상상력을 단호히 거부할 가능성이 높다는 얘기다. 벤처캐피털에서 거액의 투자를 유치한 경험이 있는 한 회사 기획부장은 "가장 힘든 게 고참 경영진을 설득하는 거예요. 더 큰 문제는 설득에 실패하면 다시는 그 얘길 꺼내지도 못한다는 거고요"라고 말한다.

경영자가 결단을 잘못 내리면 직원들이 며칠 밤을 새워가며 고민한 프로젝트가 한 번에 날아간다. 경영자가 자라나는 창의력을 잡아먹는 '아이디어 뱀파이어' 노릇을 해서야 되겠는가. 누구라도 세계적인 히트상품을 만들 수 있게 된 인터넷 세상에서 자라나는 아이디어들이 '웃기는 일' '위험한 발상'으로 매도돼 뿌리부터 뽑히고 만다. 그렇게 구박받고 뛰쳐나온 사람들이 벤처정신으로 만든 상품들이 최근 세계를 주름잡고 있는 인터넷 서비스 기업들이다.

어떻게 해야 할까? 사내에 벤처 생태계를 조성해야 한다. 가능한 한 많은 사람이 아이디어를 접할 수 있고 때로는 살 수 있

는 시장을 만들어야 한다. 중요한 것은 혁신적인 아이디어를 비非
혁신적인 직속상사의 손에만 맡겨두어서는 절대 안 된다는 점
이다.

실리콘밸리는 최근 5년 동안 420억 달러를 4,624개 거래에 투
자했다. 실리콘밸리에는 투자위원회가 따로 없지만 아이디어를
팔 사람과 살 사람이 무수히 많기 때문에 자연스럽게 거래가 이
뤄지는 것이다.

회사를 실리콘밸리처럼 만든 좋은 사례가 있다. 미국의 소프
트웨어 회사 라이트솔루션스Rite-Solutions의 경우를 보자.

"도대체 담당자가 누구예요? 이리저리 전화를 돌리기만 하고."

입사 3년차 연구원인 제니퍼가 전화를 받을 때마다 고객들은
이렇게 짜증을 냈다. 아이디어가 떠올랐다. 가장 적절한 연구원
을 바로 연결시켜 주는 자동전화응대프로그램을 만드는 것이다.
문제는 개발비와 사업자금. 그녀는 이 아이디어를 사내 주식시
장에 상장시키기로 결심했다. 그렇게 상장한 모델이 '라이트어
웨이'이고, 현재 최고가 종목군에 속해 있다.

라이트솔루션스에서 자주 일어나는 일이다. 이 회사의 사내
주식시장인 '뮤추얼펀Mutual Fun'은 수년 전부터 《뉴욕타임스》 등
유수 언론으로부터 혁신 사례로 주목받아 왔다. 세계적인 경영
구루인 게리 해멀이 뮤추얼펀을 '21세기 새 원칙을 적용한 대표
적 경영혁신'으로 인용할 정도로 유명세를 타고 있다.

 경영자를 위한 변명

회사조직은 새로운 아이디어를 키우기보다는 오히려 죽이기 위한 구조를 갖고 있다고 볼 수 있다. 경영이 한정된 자원을 적절하게 배분해 최대의 성과를 내는 것이기 때문에 회사에서는 모든 아이디어가 아니라 몇몇 아이디어에 집중할 수밖에 없는 것이다. 그러니 아이디어를 부정적인 시각으로 보기 십상이다. 기회보다는 위험요인에 집중하고, 위험도가 높은 아이디어는 일찌감치 죽여버리는 것이다.

실제로 아이디어가 실현되는 프로세스를 봐도 그렇다. 사원의 아이디어는 대개의 경우 부장 선에서 1차 걸러진다. 부장을 통과해도 임원, 사장 등 두 사람만이 더 있을 뿐이다. 어찌 보면 세 명만 설득하면 실현할 수 있는 구조지만, 실제로는 1~3명의 판단으로 아이디어는 영영 사라지고 만다.

주식시장은 어떨까. 가격이 매겨질 뿐 상장 폐지되기 전까지는 죽지 않는다. 아이디어 주식시장이라면 객관적인 평가를 받을 수 있고, 그중 괜찮은 아이디어는 수많은 투자자들의 지지와 후원, 실제 투자를 받는 것이다.

사내 주식시장 아이디어는 라이트솔루션스의 창업자인 짐 라보이^{Jim Lavoie}가 운전을 하다 문득 떠올린 것이다. 혁신적인 조직을 꿈꾸던 그는 경제뉴스를 듣다 '유레카'를 외쳤다. "사람들이 그 가치를 돈으로 평가하는 주식시장이야말로 혁신적인 회사를 구축하는 멋진 청사진이 되겠구나!"

혁신을 장려하는 플랫폼으로서 주식시장은 회사와는 다른 세 가지 특징이 있다. 첫째, 성장 가능성만 눈여겨보는 투자자가 있고, 둘째로 돈이 있으면 누구라도 투자할 수 있는 수평적인 구조가 갖춰져 있으며, 마지막으로 사장이나 대주주 같은 지배적인 권력자가 없다. 사내에 아이디어 주식시장을 만들어놓으면 사원들의 아이디어는 혁신을 촉진하는 이런 구조에 힘입어 사업화되고 성공할 가능성도 높아지는 것이다. 실제 라이트솔루션스의 경우도 신규사업의 50%가 사내 주식시장에 상장된 아이디어를 통해 나왔다.

꼭 사내 주식시장이 아니어도 좋다. 어떤 방법을 쓰든 아이디어의 생사가 몇몇 간부들의 손에서 결정되는 구조는 벗어나야 한다. 시장 속에서 검증받고 또 그 과정에서 더욱 좋은 비즈니스 모델로 커갈 수 있는 환경을 이왕이면 회사 내에 만들어야 한다. 이 제도는 특히 직업 이동성이 높아진 시점에서 인재를 붙들어두는 장치로도 훌륭한 역할을 할 것이 분명하다.

창의성을 높이는 데는 조직구조도 중요하다. 재즈 연주팀 같은 조직을 만드는 방법을 생각해 보자. 경영자들을 만나보면 사원들이 지독한 개인주의에 빠졌다고 개탄하는 사람들이 적지 않다. 슬그머니 출근하고 어느새 퇴근해 버리는 부하들을 보면서 상사 눈치만 살피고 있는 자기 신세를 한탄하는 중간간부들도 많다.

시대가 변한 것으로 인정하는 것이 옳다. 정리해고는 없다던 약속을 깨는 회사, 뼈를 묻겠다던 회사를 버리고 떠나는 선배들을 목격한 우리 시대 직장인들은 마음의 상처를 안고 산다. 그래서 정을 주지 않고 자기 것에만 집착한다.

구조조정기 경영자들의 과제는 이들을 어떻게 하면 신명에 불타게 할 것인가다. 방법은 '마음대로' 할 수 있는 일을 많이 만드는 것이다. 남의 간섭을 받지 않고 자신이 결정할 수 있는 권한을 부여해야 한다. 모두가 "내가 알아서 하겠다"고 큰소리 칠 수 있을 정도가 돼야 이상적이다. 많은 회사들이 결재단계를 축소한 것으로 권한 이양을 마쳤다고 오해하고 있다. 그러나 일곱 단계가 세 단계로 줄었다고 해서 막내사원의 결정권한이 높아지는 것은 절대 아니다.

사원들의 자율성을 높이기 위해서는 조직 자체를 즉흥성이 넘치는 재즈 연주팀처럼 바꿔야 한다. 재즈는 관객들의 반응이 시원찮으면 몇 분 만에 연주를 끝낼 수도 있고 열광적인 반응을 받으면 밤새도록 연주할 수도 있다.

결정은 연주자들, 곧 사원들이 내린다. 대량구입 문의가 오면 시장을 가장 잘 아는 영업사원이 바로 결정을 내릴 수 있어야 한다. 일정 규모 이상 거래는 결재받는 데 시간을 허비하다 기회를 놓치는 경우가 허다하다. 각자 제 마음대로 하면 난장판이 될 것 같지만 그런 걱정은 안 해도 좋다.

재즈단원들도 마음대로 하는 것 같지만 절대 어겨서는 안 될 몇 가지 원칙을 공유하고 있다. 누구의 사인으로 시작하고 끝낼지 정도의 원칙은 세워둔다. 그것도 서로 눈짓 몸짓을 통해 실시간으로 의사를 교환하기 때문에 연주는 조화를 이룬다. 회사로 보면 반드시 지켜야 하는 시한, 양보할 수 없는 가격, 다같이 지킬 것을 약속한 윤리지침 등이 이런 원칙이라고 할 수 있다. 부서장들은 사원들이 서로 약속을 지켜가며 격려할 수 있는 문화와 시스템을 만들어주는 역할만 하면 된다. 필수지침 몇 가지만 지키면 나머지는 자기가 알아서 할 수 있는 조직이라면 사원들은 신명날 수밖에 없다. '지독한 개인주의자'일수록 이런 조직이 더 적합할지도 모른다.

직원들이 '다른 일'을 '마음대로' 할 수 있을 때, 회사는 혁신의 용광로인 실리콘밸리처럼 활기차게 변할 것이다.

'아름다운 실패'를 장려하라

〈선덕여왕〉 〈자명고〉 〈천추태후〉는 최근 1, 2년 사이 인기를 끌었던 TV 사극들이다. 역사물이라는 것이 원래 교육적 효과도 큰 것인데, 학생들이 이 사극들을 열심히 보다간 국사시험을 망칠 가능성이 아주 높다. 모티프나 주요 인물을 제외하고는 역사적 사실과 거리가 먼 스토리가 많기 때문이다. 일부에선 '왜곡'을 우려하는 목소리까지 높아지고 있을 정도다.

사극에 작가적 상상력이 더해진 지는 이미 오래다. 그러나 최근 몇 년 사이에 나온 〈주몽〉〈대조영〉〈연개소문〉 등은 정사 외에 야사나 옛날이야기가 더해진 경우였지 요즘 사극들처럼 제작진이 상상력을 마음껏 발휘한 경우는 별로 없었다.

영웅적인 여성이 주인공이 되는 것도 최근 사극들의 공통점이다. 그 때문에 〈용의 눈물〉〈불멸의 이순신〉을 보던 중년남성들이 이탈했다지만, 목표고객들에게 감성적인 재미와 감동을 주고 '잘 팔리는' 것을 어쩌랴. 대중문화의 상징인 TV 드라마에서 '상상 사극'이 잇달아 등장하는 이같은 변화를 기업들은 눈여겨 봐야 한다. 한국에도 이제 상상력의 시대가 오는가. 이것이 기발한 착상에 점수를 주고, 상상이 주는 무한한 재미를 더 중시하는 고객들이 시장의 중심으로 등장하는 신호탄은 아닐까.

상상을 중시하는 고객들은 품질이나 가격보다는 디자인이나 재미 같은 감성적인 영역에 더 가치를 두는 사람들이다. 한 업종의 경쟁력 중심이 기능에서 감성으로 바뀌면 기존 고객들 외에 이전에는 고객이라고 생각하지 못했던 비고객까지 몰려오면서 새로운 시장이 형성되기도 한다.

경영이론이나 트렌드에 우리나라만큼 빨리 열광적인 반응을 보이는 나라는 드물다. 그러나 아이러니하게도 검토가 빠를 뿐

막상 실천에는 우리만큼 느린 경우도 없다. 감성과 상상력, 창조 경영이 중요하다는 사실도 알고 세계적인 실천사례도 많이 알지만, 우리 회사와는 별 상관이 없다는 식이다. 상상에 관한 한 우리 기업들에 잠재력이 있기는 한 걸까. 이미 세계적 기업의 반열에 오른 몇몇 회사 빼고는 사실은 기대 이하다. 여전히 기술과 영업, 마케팅에 승부를 걸고 있다.

멕시코의 세계적인 시멘트 회사 세멕스의 레미콘 사업부의 슬로건을 보라. "우리 레미콘 사업은 채소사업이다. 채소는 시들면 못 팔고 레미콘은 굳으면 못 판다. 우리의 핵심 경쟁력은 스피드!" 이런 '상상력 고수' 기업이 우리에게도 있을까.

상상력을 자극할 만한 공간 배치도 중요하다. 구글 본사의 휴게공간에 그랜드피아노, 당구대, 화이트보드, 간이식당이 서로 몇 미터 간격으로 모여 있는 것은 바로 이런 상상 경쟁력을 높이기 위한 교묘한 장치다.

상상력에 관한 한 우리 사회의 잠재력은 높아 보이지 않는다. 이념적 대립으로 절대 상대방을 인정하지 않는 풍토에서 다양성은 교류되지 않는다. 그래서 상상력도 소수의 천재나 괴짜의 영역으로 치부하는 경향까지 보인다. 실제로 사극이 유행하는 것 자체가 상상력의 빈곤을 드러내는 증거라는 지적도 있다.

구조조정기는 이제까지 고민하던 것을 실천하기에 적합한 시기다. 이왕 바꿀 것 확 바꿔보는 시도는 어떨까. 더 엉뚱해지고 더 망가지는 시도가 늘고 개성 있는 경영자들이 '미친 척'하는 분위기가 있으면 좋겠다.

창의적인 조직과 상상력을 높이기 위해서 경영자들이 생각해 봐야 할 화두 하나를 제시하고자 한다. '새로운 것'과 '오래된 것'은 창조적인 경영과 어떤 관계가 있을까. 최근 경험을 하나 소개한다.

지난해 가을, 나는 송도 신도시가 한눈에 내려다보이는 스카이라운지에 있었다. 아직 미완성이지만 곳곳에 초고층 건물들이 우뚝우뚝 서 있었다. 계획도시답게 도로는 쭉 뻗었으며 건물 디자인도 예뻤다. 갑자기 궁금한 것이 생겼다. "이곳에 포장마차가 들어올까?"

마침 지역을 잘 아는 사람들과 함께 있던 터라 물어봤다. 그런 계획이 없는 것으로 안다면서 '깨끗한 도시'를 지향하는데 그런 것이 생기겠느냐며 오히려 되물었다. 글쎄, 첨단건물들만 가득한 깨끗한 도시에서 과연 창의성이 자라날 수 있을까? 비슷한 종류의 사람들만 모여 비슷한 생각만 하게 되는 것은 아닐까?

도시와 창조성의 관계를 연구하는 세계적 학자인 리처드 플로리다 토론토대학교 교수는 도시의 창조성을 높이는 가장 중요한 요인으로 관용^{tolerance}을 꼽는다. 여러 인종, 서로 다른 업종, 각종 계층의 다양한 사람들을 유인할 수 있는 개방성, 그리고 그로 인해 생기는 여러 가지 문화를 인정하는 관용을 창의적인 인재를 끌어모으는 핵심요인으로 본 것이다. 마천루 속에 정자가 있는 엉뚱한 풍경, 옛 풍경을 간직한 골목길, 그리고 늦은 저녁 걸어가 우동 한 그릇 먹을 수 있는 포장마차가 있어야 영화감독이 이사 오고, 화가가 들어온다.

회사도 창의적인 도시를 닮아야 옳다. 그러나 회사 역시 새로운 것만 좋아한다. 사무기기부터 디자인까지 첨단이면 업그레이드된 것이라는 평가를 깔고 있다. 사람도 새로 들어오는 젊은이들을 선호한다. 과거를 존중하는 ‘관용’이 설 자리가 없다. 옆사람과도 메신저로 대화하는 단절의 문화가 커갈 뿐이다. 골목길이 사라진 도시의 밤풍경이 회사사회에 번져간다. 선배와 후배가 승강이를 벌이는 오래된 악습 같은 회식문화를 우습게 보지마라. 벤처 출신 신입사원이 고집 센 회계담당과 싸우는 과정에서 미래형 회사가 자라나는 것일지도 모를 일이다.

결국 창의력과 창조적 조직은 새로운 것과 오래된 것, 합쳐서 얘기하면 다양성이 밑바탕이 되어야 더 효과적이라는 결론이 나온다.

그렇다면 또 다른 화두 하나를 들어보자. 혁신을 하는 데 중요한 것이 아이디어의 질인가, 아니면 양인가? 최근 만난 K사장의 예를 당신과 비교해 보라.

K사장은 간부회의 때마다 벌떡 일어서지 않은 적이 별로 없다. 브레인스토밍 회의가 일장 훈시로 끝날 때가 많다. 전무, 부

사장 시절만 해도 아랫사람 의견을 잘 듣는 편이었다. 그러나 몇 년 전 사장이 되면서 달라졌다. 그가 평소 하는 말이다. "간부들 역량을 길러주려면 참고 기다려야 한다는 것은 잘 알고 있다. 그러나 무슨 생각들을 하는지 내 아이디어의 반도 못 따라오고……."

CEO 모임에서 만나는 다른 회사 사장들도 그와 같은 생각이다. 그들이 뜻을 같이하는 의견, "결국 리더가 이끌어야 하는 거야."

그러나 K사장 같은 사람이 모르는 것이 있다. 변화가 빠른 시대에는 시장과 가장 멀리 떨어져 있는 사장이 일방적으로 지시하는 게 가장 위험하다는 사실이다. 시장에서 성공하려면 아래로부터, 또는 밖으로부터 아이디어를 얻어야 한다.

숫자가 말해 준다. 1천 개의 아이디어 가운데 1백 개 정도만이 실행할 만하고 그 가운데 투자할 만한 것은 10개에 지나지 않는다. 실리콘밸리의 중간급 벤처캐피털사는 한 해 평균 5천 개 이상의 사업계획서를 검토한다. 이렇게 고르고 골라 투자하고, 그나마 운이 좋아야 겨우 한두 개 회사가 빛을 본다. 구글이나 이베이가 그렇게 탄생했다.

큰 성공을 거두려면 잘못된 것을 못하게 하는 것보다, 가능성 있는 것을 키우는 데 집중해야 한다. 최근 10년 사이 세계 기업 지도를 바꾼 회사들은 하나같이 새로 나타난 회사들이다. 그 회사들은 젊은 경영자들이 친구뻘 되는 직원들과 함께 끊임없이 아이디어를 쏟아내는 데 집중하고 있다. 혁신에서 가장 중요한 것은 어쩌면 질이 아니라 양일지 모른다.

혹 당신은 직원들을 너무 무시하지는 않는지, "내가 만들어주면 실행하는 것이 바로 직원들이 해야 할 일"이라고 생각하지는 않는지. 그렇다면 근본적인 반성이 필요하다. 시대가 바뀌었기 때문에 직원들에게 맡기는 것이 훨씬 나은 경우가 많아졌다. 당신은 그들의 놀이터를 만들어주는 것만으로도 충분히 훌륭한 사장이 될 수 있다.

K사장은 최근 경영사례 모임에 참가했다가 사내 아이디어를 기업공개 형태로 공모해 1년 만에 대성공을 거둔 라이트솔루션스의 사례에서 '필'을 받았다. 최근 "회사가 느려진 것은 나 때문인 것 같다"는 고백도 했다. 그가 전 사원에게 보냈다는 이메일의 골자는 이랬다. "앞으로 신규사업 관련 회의에 사장이 참석하는 일은 절대 없을 것." 사장이 결단을 내리면 회사는 21세기형 조직으로 금세 업그레이드될 수 있다.

아이디어를 쏟아내는 조직을 만드는 데 요긴한 것이 있다. 바로 '사장의 돌격대'를 조직하는 일이다. 혁신이 어려운 것은 혁신 아이디어를 제시해야 할 모두가 바쁘기 때문이다. 직원들은 자기에게 떨어진 일을 하느라 정신이 없고, 부서마다 단기목표에 집중하느라 여력이 없다. 당장 해야 할 일이 많으면 미래는

 경영자를 위한 변명

뒷전으로 밀리게 마련이다.

혁신적인 기업들은 그래서 혁신 아이디어가 나올 수 있는 여건을 마련하는 데 많은 신경을 쓴다. 3M이 모든 연구원들에게 업무시간의 15%는 일과 관련이 없는 데 쓸 수 있도록 배려한 '15% 규칙'을 만든 것이나, 구글이 이를 '20% 규칙'으로 높인 것은 모두 이런 맥락이다.

《해커, 디지털 시대의 장인들*The Hacker Ethic*》을 쓴 핀란드의 천재 페커 히매넌*Pekka Himanen*의 말을 들어보자. "정보경제 시대에서 가장 중요한 생산성의 요소는 창의성이다. 촌각을 다투는 조급함이나 출퇴근시간처럼 정해진 테두리 안에서는 흥미로운 그 어떤 것을 창조하는 것이 사실상 불가능하다."

비교적 개인 중심적인 서양문화에서도 이 정도니 집단적 성향이 강한 우리 문화에서는 개인들의 혁신 아이디어를 기대하기가 더욱 어렵다. 어쩌다 아이디어를 내놓는다고 해도 실현은 또 다른 난제다. 남들이 다 알아듣는 정도면 혁신적인 아이디어가 아닌 게 되고, 반대로 남들이 못 알아듣는 혁신 아이디어라면 자금을 따내기도, 전담팀을 꾸리기도 불가능하기 때문이다.

이런 상황이니 CEO가 아무리 '창의적인 혁신문화'를 외쳐도 여간해서는 좋은 결과가 나오지 않는 것이다. 그래서 필요한 것이 돌격대다. 존재 자체만으로 의미 있는 혁신전담팀을 만들어야 한다. 이 팀은 어떤 아이디어를 내도 비난받지 않는 자율성과

독립성이 있어야 한다. 중요한 것은 사장이 혁신전담팀 활동에 회사의 미래가 걸려 있다며 힘을 실어주는 일이다.

아무런 두려움 없이 마피아의 대부 알 카포네 체포에 나선 경찰을 그린 영화 〈언터처블스^{The Untouchables}〉를 떠올려보라. 언터처블스는 '아무도 건드릴 수 없는 불사조 같은 사나이들'이라는 뜻인데, 그런 이름을 가진 혁신조직이 있는 것만으로도 회사에는 신선한 바람이 불 것이다.

사람 부족한데 무슨 한가한 소리냐고 말한다면 곤란하다. 웅진씽크빅이 최근 만든 혁신전담팀 이름은 '이노오션(이노베이션+블루오션)'팀이다. 이 팀 사람들은 1년 내내 혁신 아이디어만 고민하면 되는데, 전 직원의 10%가 넘는 70명이 이 팀에 소속돼 있다.

자, 당신은 이제 창의적인 기업문화를 만들 계기를 마련했다. 창의적인 혁신을 일으킬 돌격대를 만들어 "돌격 앞으로!"를 외치기 전에 딱 하나 할 일이 있다. 창의적인 인재들이 안심하고 돌격할 수 있도록 안전판 하나를 만들어둬야 한다. 바로 실패에 관한 생각이다.

세계적인 경영전략가 톰 피터스^{Tom Peters}는 "멋진 실패는 크게 보상하고 어중간한 성공은 벌을 주라"고 말했다. 새로운 기회를 임직원들의 열정과 도전정신에서 찾으라는 조언이다. 임직원 전체가 실패를 두려워하지 않고 도전할 수 있도록 멍석을 깔아주는 일이 중요하다. 실패를 해도 좋으니 과감하게 도전할 수 있는 아이템을 바람직하게는 10개, 적어도 5개는 만들어보자.

글로벌기업 GE의 경우는 제프리 이멜트 회장이 직접 챙기는 '획기적 상상Imagination Breakthrough' 프로젝트가 있다. 이 IB프로젝트는 1억 달러 이상의 신시장을 창출할 잠재력이 있는 아이디어들만 추린 것으로 현재 80여 개 정도가 진행되고 있다.

'6시그마' 수준의 완벽을 추구하는 GE가 실패를 인정했다는 사실 자체가 의미 있는 것이지만 이 변화는 점진적 개선이나 과거 성공제품의 매출 증대만으로는 더 이상 성장을 이뤄낼 수 없다는 절박감의 표현에 다름 아니다. 저성장의 늪을 초래한 과거의 성공방식에서 벗어나 이제까지 없었던 새로운 성장기회를 찾아내려고 한다면 실패를 두려워하지 않는 회사 전체의 용기가 필요한 것이다.

그렇다고 아무 프로젝트나 맡기고 기다리라는 얘기가 아니다. 경영자의 임무는 분명히 있다. 가장 중요한 것이 성장 가능성이 높은 프로젝트를 고르는 일이다. GE의 IB프로젝트 같은 경우도 5년 동안 50억 달러를 투자하고 그 5배인 250억 달러의 매출을 기대하고 있다.

또 그 프로세스는 경영진이 관심을 갖고 철저히 관리해야 한다. 성공하든 실패하든 프로젝트에서 무언가를 얻어내려면 절차가 중요하다. 그래야 잘됐을 때 성공 DNA로 키울 수 있고, 실패

해도 어느 부분을 고칠 것인지를 금방 알 수 있다.

끝으로 이런 도전사업에서는 기존의 평가관행에서 예외를 인정해 줘야 한다. 피터 드러커는 '위대한 혁신'에서 "갓 출발한 사업에 대해 기존 사업과 같은 기준을 적용하는 것은 여섯 살배기 아이에게 무게가 60파운드나 되는 배낭을 메고 먼 여행을 떠나 보내는 것"이라고 지적했다.

회사를 창조적인 조직으로 만드는 책임은 사장에게 있다. 혁신 돌격대를 만들어 아이디어가 쏟아져나올 수 있는 분위기를 만들고 '아름다운 실패'를 장려하는 문화를 만들 때 그 회사의 미래는 밝아질 것이다. 성공하면 귀사는 세계적인 회사가 될 수도 있다. 하지만 실패를 하더라도 회사에는 모험심과 벤처정신이 남을 것이다.

고객, 시장 그리고 네트워크

변화 빠른 이 시대에 경영자가 회사에 가만히 앉아 있어서는 곤란하다. 특히 세상을 놀라게 할 만한 대박 히트상품을 꿈꾸고 있다면 더욱 그렇다. 그럼 뭘 해야 할까. 시장으로 탐험을 나가야 한다. 사무실에 앉아서 경영 분석을 하는 것이 아니라 회사 밖으로 나가야 한다는 점이 중요하다. 바로 고객을 만나야 한다.

왜 고객이 그토록 중요한가. 두말할 필요도 없이 고객이 우리의 서비스를 사고, 우리의 상품을 사기 때문이다. 아무리 세계 최고의 품질을 자랑해도 고객들이 필요로 하지 않는 것들이라면 만들어봐야 아무 소용 없다. 고객이 원하는 가치를 잡아내야 그런 상품을 만들 수 있고, 고객이 원하는 가치를 수치화할 수 있을 정도가 돼야 최대의 고객을 잡을 수 있는 가격도 매길 수 있는 것이다.

너무나 당연한 얘기 같지만 고객에 관한 한 기업들의 태도는 여전히 '공급자'적이다. 만들어서 던지면^{push} 팔릴 것이라고 막연히 믿고 있는 경우가 너무도 많다. 고객만족경영 부서를 둔 회사조차도 친절 서비스에 치중하고 고객들의 불만 처리에 한정된 활동을 하고 있다. 서비스나 불만 처리는 사실 사후적인 문제일 뿐인데도 말이다.

인터넷 시대를 벤처기업들이 앞서 개척한 데는 사실 이런 고객 지향성이 밑바탕에 깔려 있다. 인터넷 상거래업체를 예로 들면 하루 종일 '고객들이 어떤 새로운 상품을 많이 고를까'라는 문제의식만 갖고 회사 홈페이지를 모니터하는 전담 직원이 있을 정도다. 포털이나 게임 사이트의 경우는 실제 고객의 입장에서 경험해 보고 실험해서 '유저 인터페이스$^{user\ interface}$' 개선에만 매달리는 사람들이 적지 않다.

사실 경영자 자신이 고객이기도 하기 때문에 전문가가 되는 것은 그리 어려운 일이 아니다. 자동차 판매왕으로 기네스북에 오른 미국인 조 지라드Joe Girard가 주장한 것 중에 '250법칙'이란 것이 있다. 그는 결혼식장이나 장례식장에 참석하는 사람들의 숫자를 평균 낸 뒤 보통사람이라도 250명 정도에게는 영향력을 끼칠 수 있다고 결론지었다. 고객 한 명을 만족시키면 250명의 잠재고객을 확보할 수 있는 반면 불만고객 한 명 때문에 그만한 숫자를 잃을 수도 있다는 것이다. 이런 사실을 굳게 믿은 지라드는 한 명 한 명에게 최선을 다해 세일즈왕이 될 수 있었다.

따라서 고객들이 원하는 상품, 서비스를 내놓는 혁신기업이 되기 위해서는 직원들을 고객전문가로 만드는 작업이 긴요하다. 그래야 경쟁사나 과거의 실적에 연연하지 않고 시장 자체의 흐름을 읽어내려는 시장 중심적 태도를 뿌리 내릴 수 있을 것이다.

경영자들이 시장에 나가 고객을 만나면서 반드시 찾아야 할 것이 있다. 바로 수많은 고객들이 느끼면서도 스스로는 표현하지 못하는 것, 새로운 수요가 형성되는 분위기가 분명 있지만 숫자로는 드러나지 않는 것, 경험 많고 예민한 경영자들이 겨우 잡을 수 있는 그 무엇이다. 이것을《모멘텀 이펙트 The Momentum Effect》의 저자 장 클로드 라레슈Jean-Claude Larreche 교수는 '절대 인사이트compelling insights'라고 부른다. 그러나 '절대 인사이트'는 경험을 분석하는 것만으로는 얻을 수 없다. 생각해 보라. 1990년 인터넷이 등장한 이후 달라진 세상을 그 이전 경험으로 담아낼 수 있겠는가.

혁신기업의 대명사로 불리는 버진애틀랜틱은 '미개척'이라는 의미를 품은 회사 이름부터 과거와의 이별을 선언하고 나선 경우다. 창업주 리처드 브랜슨Richard Branson은 "우리는 아무것도 모른다. 모르기 때문에 오히려 참신한 해결책을 내놓을 수 있다"고 말했다.

고객의 마음속을 읽어낸 그들의 맞춤양복 서비스를 보라. 런던에서 홍콩으로 갈 때 히드로 공항 버진애틀랜틱 라운지에서 신체치수를 재면 홍콩에 내릴 때쯤엔 맞춤양복 한 벌이 준비돼 있다. 그들은 최고의 비즈니스맨들은 외국에 도착해서도 멋지고 근사한 옷을 입고 싶어한다는 '절대 인사이트'를 찾아냈다.

CEO인 당신이 고객과 만나며 또 찾아야 할 것으로 '진실의 순간MOT, Moment of Truth'을 빠뜨릴 수 없다. '진실의 순간'은 스페인의 마케팅 이론가인 리처드 노먼Richard Norman 교수가 주창한 경영 개념으로, 투우 경기에서 따왔다. 투우사가 이리저리 황소를 약올리며 힘을 뺀 뒤 마지막으로 황소 정수리에 칼을 찌르는 그 찰나가 바로 진실의 순간이다. 이때 황소를 한 번에 절명시키면 그날의 투우가 완성되는 것이지만 실패하면 투우사는 은퇴를 각오해야 한다. 성공과 실패가 바로 이 순간에 갈린다.

회사에도 진실의 순간이 있다. 고객이 회사를 만나는 처음 15초가 그것이다. 이때만 잘해도 고객의 마음을 평생토록 잡을 수 있다. 문제는 업종마다 회사마다 부서마다 진실의 순간이 다르다는 것이다. 경영자가 세심하게 관찰해 자기 회사에 맞는 진실의 순간을 찾아내고 회사 내의 상식으로 만드는 것이 중요한 이유다.

고객이 회사를 처음 만나는 경우를 생각해 보자. 안내 데스크로 다가갈 때, 주차 티켓을 뽑을 때, 엘리베이터에 막 들어섰을 때, 또는 닫힌 유리문 앞에서 어쩔 줄 몰라할 때……. 이런 것들이 대표적인 진실의 순간이다. 또 영업사원이 고객사 간부를 처음 만날 때, 사장이 상대방 회사 임원과 만나 명함을 교환할 때, IR Invester Relations(기업설명회) 담당자가 행사장에 들어설 때도 마찬가지다. 경쟁입찰 같은 경우에는 심사위원들이 발표자가 띄워놓은 발표자료 첫 화면을 볼 때, 발표자가 웃으며 첫마디를 꺼낼 때가 비즈니스 성패를 결정짓는 진실의 순간이다. 1980년대 이 개념을 활용해 스칸디나비아항공을 회생시킨 얀 칼슨 Jan Carlzon 은 "고객이 기내식 식반을 받아 드는 그 순간이 가장 중요하다"며 식반 닦는 직원까지 이 혁신운동에 동참시킬 정도였다.

진실의 순간은 잘 활용하면 마르지 않는 화수분이요, 소홀히 다루면 지뢰가 된다. 적잖은 회사가 고객과의 첫 만남을 길거리 행사요원이나 아르바이트 텔레마케터들에게 맡기고 있는데, 과

'스눕'을 아세요? 당신의 직관을 믿어라

고대부터 아프가니스탄의 왕이 후계자 두 명에게만 전수하는 비법이 있다. 바로 사람을 아홉 가지 성격으로 분류하는 방법인데, 이를 통달하면 사람을 자기 마음대로 다룰 수 있다고 한다. 이와 관련된 연구소가 미국에만 5천 개 넘게 있다는 에니어그램enneagram 얘기다. 사람 마음속을 아는 것은 이렇게 오래된 인간의 숙원이다.

비즈니스가 요즘 세상의 중심이 되면서 이 숙원은 더욱 체계적으로 연구되고 있다. 웬만한 회사는 '고객의 경험customer experience'을 연구하는 부서를 따로 두고 있을 정도다. 영국의 보다폰이 휴대폰 '심플리Simply'를 히트시킨 데는 버튼과 글자가 너무 작아 불편해하던 중장년들의 마음을 읽은 조사 결과가 큰 역할을 했다.

사실 뛰어난 경영자들은 고객들의 성격이나 욕망을 꿰뚫어보는 직관력이 있다. 문제는 스스로의 직관으로 성공경험을 많이 쌓지 못한 경영자들이다. 자신이 보는 '큰 흐름'이 정확한 것인지, 고객을 올바르게 파악했는지 좀체 확신하지 못한다.

여러 가지 보완장치를 갖춰야겠지만 자신의 직관력에 확신을 갖는 것이 무엇보다 중요하다. 최근의 연구 결과는 그것이 가능하다는 것을 입증한다. 텍사스대학교의 심리학 교수인 샘 고슬링Sam Gosling은 《스눕Snoop》이라는 책에서 생활하는 장소나 소지품만으로도 그 사람의 성격을 알아낼 수 있다는 것을 증명했다.

동양적인 예술품을 수집하는 사람은 개방적이고 호기심이 많다. 반면 영화나 공연 포스터를 걸어놓는 사람은 보수적이면서 솔직한 성격의 소유자다. 현대판 에니어그램이라 할 만한 이런 연구를 바탕으로 직관력을 단련하면 '고객 알기'는 즐거운 프로젝트가 될 것이다.

연 어떤 결과를 가져올지 궁금할 뿐이다.

절대 인사이트와 진실의 순간을 찾으려고 노력하는 사이에 고객의 경험에 관해서는 당신이 회사 내 누구보다 앞설 것이다. 글로벌 우량기업 경영자들의 프로필을 보면 빠지지 않는 항목이 바로 '고객경험에 아주 정통하다'는 평이다. 고객이 무엇을 좋아하고, 무엇을 싫어하며, 왜 그런지에 대해서 잘 안다는 뜻이다. 따라서 혁신적인 경영자라는 소리를 들으려면 무엇보다 먼저 고객전문가가 돼야 한다. 또한 글로벌·인터넷 시대에 고객전문가가 되기 위해서는 이전 방식을 버려야 한다.

우리가 일반적으로 고객을 연구하는 행태를 보자. 30대 여성을 위한 휴대폰을 만든다면 일정한 수의 30대 여성들을 대상으로 설문 등 조사작업을 벌인다. 그러나 이런 조사로 얻을 수 있는 건 누구에게나 맞는 것 같지만 사실은 아무도 만족시키지 못하는 애매한 평균일 뿐이다.

전략경영 구루로 꼽히는 미시간대학교 교수 C. K. 프라할라드 C. K. Prahalad는 최근 저서에서 'N=1의 원칙'을 강조한다. "아무리 소비자의 수가 많아도 기업은 이제 한 명의 고유한 경험에 집중해야 한다는 것"이다. 개별 소비자를 위한 고유한 가치를 기업과 소비자가 함께 창조해야 한다는 설명이다.

그러니 30대 여성을 위한 휴대폰을 만들려면 가까이 있는 30대 여성 한 사람만을 관찰하라. 벨소리에 어떻게 반응하는지, 잡기 불편해 떨어뜨리지는 않는지, 휴대폰을 활용해 가장 많이 하는 건 통화인지 아니면 문자인지……. 이런 걸 자세히 보고 오직 '그녀'만을 위한 휴대폰을 만드는 것이다. 기본기기를 팔고 소비자가 원하는 것을 골라 얹을 수 있도록 선택권을 주는 것도 한 방법이 될 것이다.

'한 사람에게 꼭 맞는 상품'은 예전엔 잘 팔리지 않았지만, 글로벌·인터넷 시대에는 오히려 잘 팔릴 수 있다. 금방 전파되고 세계 어디서든 주문할 수 있기 때문이다. 한 명만 연구하면 된다니 고객전문가되기가 훨씬 쉬워졌다.

고객은 특히 이 변화 빠른 시대에 기존 업체들이 기댈 수 있는 유일한 언덕이기도 하다. 변화 빠르고, 위험요소가 많은 불황기에는 원래 기득권을 가진 기존 업체들이 유리했다. 여차하면 팔아치울 자산이 있고, 인적자원이 풍부하며 기존 제품군으로도 충분히 버틸 수 있었기 때문이다. 그러나 전 세계적으로 공급이 넘치고 기술과 환경이 하루가 다르게 변하는 글로벌·인터넷 시대가 되면서 기존 업체들이 누리던 '기득권'은 사실상 사라져가고 있다.

아무리 작은 회사라도 비즈니스 모델만 좋으면 글로벌 회사와 제휴를 할 수 있다. 제조기반이 전혀 없어도 세상에서 임대료나 인건비가 가장 싼 지역에서 제품을 만들어낼 수도 있다. 영업활동은 물론 자금거래도 모두 24시간 열려 있는 인터넷상에서 할 수 있다. 이런 시대에 강자는 '큰' 회사가 아니라 '빠른' 회사다. 지금까지의 시장점유율이 하루아침에 의미가 없어지는 일이 이제 비일비재하게 일어난다.

그렇다면 이미 시장에 진출해 있고, 그래서 사업구조를 쉽게 바꿀 수 없는 기존 업체들이 지금 취해야 할 전략은 무엇인가. 회사의 핵심 경쟁력 또는 숨은 경쟁력을 다시 한 번 살펴볼 필요가 있다. 오래 사업을 해온 덕에 신생 업체들에 비해 절대적으로 유리한 분야가 있다. 그 답은 멀리 있지 않다. 바로 고객, 다른 이름으로는 거래처, 단골이라고 불리는 집단이다.

이미 개척한 고객이야말로 기존 업체들이 목숨을 걸고 다시 연구해야 할 자산이다. 기존 업체들은 신생 업체들이 꿈도 못 꾸는 경쟁력을 고객분야에서 갖고 있다. 우선 고객이 누구인지, 어떤 성격인지를 잘 안다. 그들이 내고자 하는 가격^{WTP, Willing to Pay}까지 알고 있기 때문에 가격정책이나 새로운 영업 패키지 구성에서 훨씬 유리하다. 매년 언제쯤 얼마의 물량이 필요한지도 인지하고 있고, 불만사항과 결재 스타일에도 익숙하다. 장기 고객사의 경우는 사장은 물론 담당자의 성향까지 파악돼 있다. 그간 쌓은 신용도 큰 자산이다. 이 모든 것을 어떤 벤처기업이 단기간에 이뤄낼 수 있겠는가.

그러니 이왕에 비즈니스를 열심히 하고 있는 기업이라면 이 불황기를 고객을 다시 연구하는 기회로 삼아야 한다. 고객들의 가려운 곳을 긁어줘서 우리 회사의 VIP로 만들어야 한다. 우리 회사에 충성스러운 집단으로 만들면 더욱 이상적이다. 그간 개척해 놓은 고객을 정서적으로 묶어주는 조치가 중요하다. 추억, 습관, 자부심 같은 것이 그 연결고리다. 할리데이비슨을 부활시킨 것은 열정적인 고객그룹인 HOC, 즉 할리데이비슨 오너스 클럽이었다.

고객을 생각할 때 주의할 점은 21세기 글로벌 · 인터넷 시대에는 고객의 개념이 크게 달라지고 있다는 것이다. 우선 비즈니스에서 고객이 중시된 역사를 간략히 봐야 한다. 비즈니스에서 고객이 중요해진 것은 사실 오래된 일이 아니다. 피터 드러커가 1954년에 내놓은 획기적인 책《경영의 실제》이후라고 봐도 크게 무리가 없을 것이다. 이전까지 비즈니스 최후의 승자는 공급업자였다. 수요는 넘치는데 공급이 적으니 만들기만 하면 팔렸다. 기업들은 더 많은 고객을 얻기 위해 생산성 향상에만 몰두하면 됐다. 더 싸게 만들어 더 낮은 가격을 받을 수만 있다면 수요는 더욱 늘어날 수 있었기 때문이다. 이때 고객은 갑이 아니라 을이었다.

그러나 20세기 중반 들어 공급이 수요를 넘어서기 시작했다. 사람들은 골라서 살 수 있게 됐다. 기업들이 고객의 가치를 깨닫게 된 것도 같은 시기다. 사람들이 원하는 것이 무엇인지를 알아야 제대로 된 상품이나 서비스를 만들 수 있는 시대가 열리면서 고객이 왕이 됐다. 고객을 연구하고 그들이 원하는 것에 집중하는 이런 사고방식을 마케팅적 마인드라고 부른다. 이후 경쟁이 더욱 심해지면서 고객만족경영이 날개를 달고 유행했다. 또 회사들마다 서비스 정신을 강조하면서 고객은 누구도 부정할 수 없는 지위를 갖게 됐다. 정부도 공공기관도 사회봉사단체도 예외가 아니었다. 경영 마인드는 곧 고객중심 마인드를 뜻하는 용어가 됐다.

그러나 최근 이 구조가 깨질 조짐이 나타나고 있다. 고객보다 더 중요한 무엇이 나타났다.

무엇일까. 세계 최고 기업으로 꼽히는 구글을 예로 들어보자. 보통의 사람들은 구글에서 무엇인가를 '사지' 않는다. 구글은 소비자를 대상으로 무엇인가를 '파는' 회사가 아니다. 직접 팔지 않기 때문에 고객은 더 이상 왕이 아니다. 구글, 위키피디아 등이 가장 중시하는 것, 그리고 애플이 새롭게 강조하고 있는 것은 과연 무엇인가. 바로 네트워크다. 참여자, 사용자, 파트너, 소비자, 협력사, 광고주 등이 만드는 네트워크가 이제 비즈니스의 중심으로 떠올랐다.

네트워크가 중요해진 것은 이제 경영자가 챙겨야 할 것이 회사 내부가 아니라 회사 외부라는 것을 뜻한다. 경영자들은 이제 자기 회사에서 모든 것을 해야 한다는 생각부터 버려야 한다. 예화를 하나 들어본다.

니콜라 테슬라Nikola Tesla라는 이름을 기억하는 사람이 얼마나 될까. ‘발명왕’ 에디슨이 질시했던 당대 최고의 발명가였던 테슬라는 에디슨이 만든 원시적인 발전기를 개선, 자동제어 발전기를 개발했다. 테슬라는 전기에는 직류만 있다고 믿었던 에디슨에게 망신을 주며 교류전기 체계를 찾아냈다. 라디오 전신 시스템도 그의 고안이었다. 세르비아 출신의 이 천재는 자기 권리만 잘 지켰으면 당대 최고의 부와 명예를 누릴 수 있었을 것이다. 그러나 그가 발명·발견·고안한 것들은 모두 다른 사람들의 이름으로 특허등록이 됐다. 그의 능력과 재주를 이용한 것은 다른 사람들이었다.

에디슨은 월급 몇 푼 올려주는 것으로 테슬라의 새 발전기를 자기 것으로 만들었다. 교류전기 체계는 조지 웨스팅하우스George Westinghouse의, 라디오 전신 시스템은 굴리엘모 마르코니Guglielmo Marconi의 발명품으로 각각 기억되고 있다. 수익을 지상목표로 해야 하는 기업 입장에서는 테슬라가 돼야 옳은가, 아니면 에디슨이나 웨스팅하우스가 맞는가? 당연히 후자 쪽이다.

이미 더 잘하는 업체가 있고, 자사가 직접 할 경우 비용이나 위험부담이 크다면 굳이 직접 사업을 벌일 필요가 없다. 잘하는 업체에 맡기거나 그 업체에서 사는 것이 ‘합리적인’ 판단이다. 수많은 ‘테슬라’들이 나타나겠지만 별수 없는 노릇이다.

세계 정상의 시스템 통합 업체인 시스코를 보자. 시스코가 만드는 것은 '기술'이지 '제품'이 아니다. 시스코는 핵심역량인 기술개발에만 집중하고 제품생산은 전 세계에 퍼져 있는 수많은 업체들에 맡기고 있다. 새로운 기술은 언제든 개발할 수 있다. 하지만 자기 공장을 갖고 직접 생산한다면 새 제품을 만들기가 훨씬 어렵다. 새 제품을 만들려면 기존 라인을 뜯고 새 설비를 들여놓아야 하기 때문이다. 기존 설비에 이미 들인 돈도 허공으로 날아간다. 시스코는 세계 곳곳에 각 분야에서 잘하는 '파트너'들을 확보해 둠으로써 새 기술 개발에만 전념할 수 있다.

몸집이 가벼워 시장수요에도 발 빠르게 대응할 수 있다. 위험은 파트너들과 함께 나누어 갖는다. 또 파트너가 해당 시장에서 밀리면 새로운 1위 업체와 파트너십을 맺을 수 있다.

21세기에 펼쳐진 글로벌·인터넷 시장에서 무엇보다 중요한 것이 빠른 성장이다. 우리나라의 경우, 정부가 내세우는 1인당 소득 4만 달러를 이루려면 단순 계산으로도 GDP(국내총생산)가 지금의 2배가 돼야 한다. 해마다 5%만 성장해도 대단하다고 여겨지는 요즘에 과연 지금부터 연구개발R&D에 투자를 시작해서 언제 지금의 2배로 끌어올릴 수 있을까. 세계를 상대로 이미 성과를 올린 기업을 인수·합병M&A해 곧바로 성과를 올리는 방법이 아니고서는 대안을 찾기 어렵다. 나라나 기업이나 모두 이제 외부 지향성을 갖지 않으면 이 저성장의 늪에서 빠져나갈 수 없다는 얘기다.

그런 의미에서 경영자의 습관 가운데 빠뜨릴 수 없는 것이 외부 지향성이다. 제품이나 상품의 초기 기획단계부터 내부가 아니라 외부에서 출발하는 시각이 필요하다. 10~20년 전만 해도 '일본에서 인기 있는 상품'이면 동업자를 구하기가 쉬웠다. 하지만 인터넷으로 국경이 무너진 글로벌시대에는 안 통하는 얘기다. '나만 아는 정보'란 자꾸만 줄어간다. 요즘에는 투자를 유인하는 단어가 이렇게 바뀌었다. "아직 우리나라에는 이런 서비스가 없어. '대박'날 거야." 특히 최근 '실력'이 늘어서 그런지 '세계 최초'를 자랑하는 품목과 서비스가 부쩍 늘었다. 그런데 과연 세계 최초라면 판매는 떼어놓은 당상일까.

소자본 창업을 준비하는 사람들을 보면 묘한 경향을 발견할 수 있다. 자기가 좋아하는 아이템을 선택하는 경우가 많다. 내가 삼겹살을 좋아하니까 남들도 좋아할 것이라고 막연히 믿는 것이다. '못 팔면 가족끼리 먹으면 그만'이라고 생각하는 건 아닐까. 참 위험하기 짝이 없는 사고방식이다.

세계 최초를 자임하는 사업가나, 내가 잘하는 데 집중하겠다는 창업 희망자들이 공통적으로 빠져 있는 함정이 바로 '안에서부터 밖으로inside-out'의 시각이다. 스스로는 너무나 명확해 보이지만 시장과는 거리가 먼 판단인 경우가 많다.

고객을 상대하는 기업이든 조직이든 늘 먼저 생각해야 하는 것이 바로 고객이다. 고객이 원하는 것을 찾고 그것을 만들어 팔아야 성공한다는 얘기다. 아무리 세계 최초라도, 아무리 자기가 맛있어해도 고객이 '별로'라고 생각하면 그뿐이다. 시장에서 출발하는 '밖에서부터 안으로outside-in'의 사고방식이 절대적으로 필요하다는 얘기다.

너무도 당연한 시각 같지만 실제 적용하고 있는 회사는 여전히 손으로 꼽을 정도다. 고객만족이라고 하면 친절쯤으로 여기는 회사가 대부분이다. 고객이 다른 산업으로 옮겨가 시장이 줄어들고 있어도 '품질'만 좋으면 살아남을 수 있다고 믿는 회사도 너무 많다.

최근 경영의 트렌드는 곧 '밖에서부터 안으로'의 사고방식을 체계화하는 것에 다름 아니다. 고객만족경영의 핵심이 바로 이것이기도 하거니와 마케팅, 디자인은 물론 연구개발까지 그 출발점을 기업 외부에 두고 있다.

블루오션 전략도 고객들이 진정으로 원하는 것, 즉 가치를 찾아 새 상품을 내놓는 가치혁신이 골자인 것이다. 안inside이 아니라 밖outside을 중시하는 사고방식은 이제 더 진화된 양태로 나타나 혁신의 원천 자체를 외부에 두어야 한다는 생각이 주류를 이루고 있다.

새로운 아이디어의 출처를 묻는 질문에 76%의 CEO들이 '비즈니스 파트너나 고객과의 협력'을 애기(IBM, 2006 글로벌 CEO 스터디)하고 있다. 신제품 개발과 관련해서도 이제 단순히 R&D

 경영자를 위한 변명

가 아니라 C&D^{connect & development}, 즉 외부와의 연결을 훨씬 중시하는 경향이 자리를 잡아가고 있다. 상품개발에 우리 회사 직원뿐 아니라 고객, 협력사, 대학 연구소, 외국의 관련사, 심지어 경쟁사까지 참여시켜야 성공률이 더욱 높아질 것이란 인식이 확산돼 가고 있는 것이다.

성공하는 경영자들의 습관 가운데 가장 중요한 것은 바로 외부 지향성이다. 남들이 그냥 지나치는 사람들의 행동에서, 말에서, 반응에서 새로운 가치를 찾을 수 있어야 유능한 경영자가 될 가능성이 높다고 하겠다.

경영자는 고객과 시장에 대한 전문가가 돼야 한다. 그리고 한 걸음 더 나아가 기업의 비즈니스를 결정짓는 새로운 주체, 즉 네트워크에도 관심을 가져야 할 시점이다.

3장에서는 경영자들이 반드시 갖춰야 할 습관을 살펴봤다. 이런 노력들이 충분하다고는 할 수 없지만 성공하는 경영자라면 이 정도의 노력은 반드시 해야 한다. "사장씩이나 돼서 무슨 공부……" 할 수도 있겠지만 21세기형 사장이 되려면 사실은 더욱 분발해야 한다.

최근 조찬포럼에서 글로벌기업의 한국 지사장이 들려준 뼈아

픈 얘기 하나를 인용한다.

글로벌 본사에서 임원급 3명이 왔다. 담당은 각각 다르지만 이들은 회사 이슈에 관한 한 알파부터 오메가까지 모두 알고 있었다. 초급 임원이었지만 결정권도 상당히 있었다. 국내 카운터 파트 회사에서 회의를 할 때 묘한 풍경이 벌어졌다. 이들 세 사람은 각각 다른 파트였시만 함께 앉아 있는데, 이들과 대화할 사람들은 세 명이 아니라 각각 다른 파트의 세 팀이었다. 우선 한 파트당 서너 명의 임원급이 나오고 그 뒤에 배석 간부가 열 명 가까이 됐다. 대화를 할 때 '그건 우리 파트 업무가 아니라……' 하는 말이 자주 나왔다. 외국 임원 세 명을 상대하면서 그 국내 회사에선 3개 팀이 나왔고 연인원이 50명 가까이 됐다. 외국 임원 세 명이 회의가 끝나고 나서 고개를 갸우뚱하며 입을 모았다. 고객들에겐 컨버전스convergence(통합)를 강조하면서 회사 내에서 이렇게 나뉘어서야 되겠느냐는 표정들이었다.

경제기자로서 20년 일하면서 우리 경영자들의 실력이 엄청나게 늘어나는 것을 목격해 왔다. 그러나 아직 세계 수준과는 격차가 크다. 경영 경쟁력에 관한 한 아직은 갈 길이 멀다.

고위 경영진조차 아직은 '내 분야' '네 분야'를 나누고 있는 게 큰 문제다. 글로벌 기업인과 '맞장 뜰 수 있는' 언어실력은 말할 것도 없다. 우리 시대를 사는 경영자들이 공통적으로 갖고 있는 한계이기도 한 만큼 더욱 분발해야 한다.

후배 경영자들을 한국 1등이 아니라 세계 1등을 지향하는 글로벌 경영인으로 키워야 하는 과제도 우리 시대의 경영자들이 안고 가야 하는 짐이다.

Reflections on

경영은 인간이다

제4장

글로벌·인터넷 시대에 성공하기 위해서는 무엇보다 꿈이 커야 한다. 새로운 대항해시대는 누가 더 큰 꿈을 꾸느냐의 경쟁이다. 그 출발은 경영자 자신이다. 경영자가 도전정신을 갖지 않고, 직원들의 창의력을 북돋워주지 않고, 애정 어린 시각을 잃어버린다면 희망이 없다. 경영은 결국 인간의 문제다.

Chief Managers

두려워도 도전하라

대기업의 문제는 아이디어의 결핍이 아니다. 다르고 새로운 아이디어보다 기존 아이디어를 더 좋아하는 것이 진짜 문제다.

—게리 해멀

자산도 많고 영업도 잘하고 수익도 높은 대기업들이 투자에 소극적인 이유는 뭘까. 숫자로 보면 여전히 대기업의 투자가 많지만 일부 기업에 한정돼 있고 실제로는 많은 대기업들이 모험투자와는 거리가 있어 보인다. 물론 여러 가지 이유가 있을 것이다. 미국발 경제위기가 진정되는가 싶더니 유럽발 경제악재가 연달아 터지면서 세계 경기상황이 불안한 것도 한 이유다. 환율도 문제다. 작은 기업이면 적은 손해에 그칠 것을 거대수주 산업에서는 잘못된 예측 한 번으로 회사 전체가 흔들리는 일도 허다하다.

그러나 이런 것들이 투자를 꺼리는 본질적인 이유는 아니다. 가장 중요한 것은 대기업으로 갈수록 새 아이디어를 사업으로 실현하는 데 대한 두려움이 크다는 사실이다. 언제 이익을 낼지 기약할 수 없는 새 사업에 돈을 넣느니, 수익성은 낮아도 실패할 가능성이 거의 없는 기존 사업에 돈을 대는 것을 훨씬 좋아한다는 얘기다.

이에 반해 신규 업체들은 완전히 다르다. 기존 사업이랄 게 없으니 새로운 사업에 '올인'하게 돼 있다. 따라서 미래 승부에 관한 한 기존 대기업이라고 해서 별로 유리할 것이 없다. 특히 경기 침체기에는 이런 경향이 더욱 커진다.

문제는 불황기에 기존 사업의 점진적인 성장에만 매달리다가는 결국 미래에 낭패를 볼 가능성이 높아진다는 점이다. 1970년대 보스턴컨설팅그룹이 만든 전략도구인 'BCG 매트릭스'를 보자.

BCG 매트릭스에 따르면 모든 사업은 사이클을 타는데, 처음에 '물음표(?)' 사업으로 시작한 성장형 비즈니스가 시장점유율이 높아지면서 '스타star' 사업이 되고, 이 스타 사업의 성장률이 점점 낮아지면서 '현금 젖소cash cow'로 내려앉고 마침내 점유율까지 떨어지면서 '개dog' 사업이 된다는 것이 골자다. 아무리 지금 잘되는 스타 사업이 있다고 해도 결국 성장률과 점유율이 떨어질 수밖에 없기 때문에 경영자들은 반드시 '물음표' 사업에 투자를 게을리해서는 안 된다는 교훈을 이 메트릭스를 통해 얻을 수 있다.

새로운 아이디어를 두려워한다는 것은 점유율과 성장률이 떨어지고 있는 기존 사업에 대한 미련을 버리지 못하고 있다는 뜻일 뿐이다. 기존 비즈니스에서 번 돈을 과감하게 재투자해야 하는데 '가지 않은 길'은 그만큼 두려운 것이다. 굳이 따지면 이런 경영은 미래를 대비한 것이 아니라 과거 지향적인 경영이다.

구글이 왜 현재뿐만 아니라 미래에도 전망이 밝은지는 이 회사가 견지하고 있는 투자원칙인 '70 대 20 대 10의 법칙'을 보면 잘 알 수 있다. 구글은 핵심 비즈니스에 70%를 투자하고 20%는 그 핵심사업을 돕는 비즈니스에, 그리고 나머지 10%는 핵심사업과 전혀 상관이 없는 분야에 투자한다. 히트상품인 구글와이파이, 오프라인 광고 등이 이 10%에서 나왔다.

이 10%가 중요한 이유는 '지금의 핵심사업'과는 전혀 관련이 없는 분야라는 사실 때문이다. 지금 잘나가는 사업이 있어도 시장의 변화속도에 언제든 뒤처질 수 있기 때문에 전망 있는 다른 분야의 사업을 해가면서 안전장치를 해두는 것이다. 자신들이 보지 못하는 분야에서 아이디어를 찾아낼 수 있는 시스템을 구축하고 가능성이 보이면 과감하게 투자할 수 있어야 한다. 기존 방식과 반대로, 간부가 아니라 아래 직원으로부터, 내부 전문가가 아니라 외부 고객으로부터 새 아이디어를 얻는 것 등 과거와는 다른 방식이 크게 유행하고 있는 데는 이런 이유가 있다.

핵심부문은 익숙하고 비핵심부문은 낯설다. 낯선 미래에 도전할 수 있어야 성장을 도모할 수 있다. 그러므로 리스크에 도전하는 것이야말로 경영자의 가장 중요한 책무라고 할 수 있다.

'리스크에 도전하라'는 말에 부담을 느끼는 경영자들이 많지만 이는 리스크를 오로지 '위험'이라고만 번역하기 때문인지도 모른다. 리스크의 원래 뜻은 오히려 불확실성에 더 가깝다. 불확실성이라고 번역하는 것과 위험이라고 번역하는 것에는 엄청난 차이가 있다. 불확실성은 어쩌면 좋은 사업기회다. 그 가능성을 높이 보는 사람이 적기 때문에 크게 망하든 크게 흥하든 결과는 도전하는 자의 몫이다. 그러나 '위험'이라고 하면 도전하는 것 자체가 무모한 일이요, 나쁜 일로 여겨지는 문제점이 있다.

지난 2008년 하반기부터 전 세계가 겪었던 미국발 금융위기를 리스크와 관련해서 생각해 보자. 자, 이런 경제위기가 발생하면 보통의 경우 투자를 포함한 경영활동을 위험회피risk averse 방향으로 할 것인가, 아니면 위험감수risk taking 방향으로 할 것인가.

당연히 위험회피적인 분위기가 번지게 돼 있다. 은행, 기업은 물론 나라 차원에서 큰 낭패를 본 뒤라 극도의 위험회피 경향이 오랫동안 계속될 가능성이 높다. 경기전망이 바닥을 치고 급하게 솟구치는 V자형이나 완만하게라도 고개를 드는 U자형이 아니라 불황이 지리하게 계속되는 L자형이 되거나 회복하다가 또다시 추락하는 더블딥이 될 것이라고 걱정하는 사람들이 많은 이유가 여기에 있다.

국내적으로 보더라도 위험회피적인 풍토가 지배적이었다. 대통령까지 나서서 다그쳐도 은행이 꿈쩍도 않는 것이나, 어쩌다 대출을 해줘도 기술신보 같은 곳이 전액보증을 서도록 하는 금융기관들이 많은 것은 극심한 위험회피에 다름 아니다. 기업들이 투자하지 않는 것, 신규채용을 줄이는 것, 인력 구조조정에 나서는 것이 모두 위험회피의 결과다. 더 큰 위험을 초래할 수도 있는 일은 절대 벌이지 않으려는 것이다.

위험회피는 그 본질상 손실을 피하고 싶어하는 심리가 그 밑바탕에 있다. 그러나 예상되는 손실보다 훨씬 많은 이득이 보이면 사람들은 위험을 감수하고 도전하는 경향이 있다. 세계적인 베스트셀러인 《리스크*Against the Gods: The Remarkable Story of Risk*》의 저자 피터 번스타인*Peter L. Bernstein*은 "위험감수야말로 현대 서구사회를 이끌어가는 기폭제"라고 강조한 바 있다. 그는 최근 한 인터뷰에서 "각종 제한이 풀리고 선택할 수 있는 폭이 훨씬 넓어지는 경제위기 시대야말로 위험을 감수하고 도전하기에 최적의 환경”
이라고 말했다.

남들이 못하고 있으니 투자하면 앞설 것이요, 남들이 채용을
줄이고 있으니 인재 뽑기에는 최고의 타이밍이며, 다른 은행들
이 안 빌려주고 있으니 지금이 평생단골을 잡을 수 있는 적기라
고 생각해야 한다. 망하는 회사가 많으니 오히려 창업하기에 좋
은 시절이라고 기뻐해야 옳다. 이런 것은 역발상이 아니라 정상
적이고 상식적인 생각이다. 원래 리스크란 말 자체가 ‘뱃심 좋
게 도전하다’의 뜻을 가진 초기 이탈리아어에서 나온 단어라고
한다.

리스크 테이킹을 하라고 해서 무조건 힘들고 어려운 일에 도
전하라는 뜻이 아니다. 중요한 것은 기회요인을 잃는 우를 범
하지 않는 것이다. 피터 드러커가 전하는 다음의 사례에서 얼
마나 많은 회사들이 기회를 놓치고 있는지, 그리고 그 기회를
찾아내는 것 자체가 얼마나 가치 있는 리스크 테이킹인지 생각
해 보자.

1950년대 초 일이다. 패션상품 매장으로 유명하던 미국 뉴욕
의 메이시백화점에 비상이 걸렸다. 패션상품 대신 가정용품을
사러 오는 손님들이 갑자기 늘었기 때문이었다. 70%에 달했던
패션 상품 매출이 급격히 줄어든 반면 가정용품 매출 비중은
60%에 육박했다. ‘의외의 손님’들이 나타난 것이다.

메이시백화점이 택한 방향은 이랬다. 본래 핵심 비즈니스인 패션상품을 판매하는 데 모든 역량을 집중하는 동시에 가정용품 매출을 줄이는 방안도 같이 강구했다. 결과는 최악이었다. 양쪽 모두에서 고객을 잃었다. 그리고 가정용품 판매에 주력하기로 결정하기까지 20여 년이라는 시행착오 기간이 필요했다.

피터 드러커는 메이시백화점의 사례를 들면서 가장 손쉬운 것인데도 놓치기 쉬운 혁신의 원천으로 '예상치 못한 성공'을 들고 있다. 의외의 부문에서 생각지도 못한 성과를 올리고 있다면 바로 그곳에서 큰 기회를 잡을 수 있다는 설명이다. 그러나 실제로는 많은 기업들이 메이시백화점처럼 오히려 적극적으로 거부하는 경향을 보인다. 해오던 것은 조금만 잘하면 계속 돈을 벌 것 같지만 절호의 기회가 찾아와도 새로운 것은 두려워하는 것이 큰 기업들의 병폐다.

20세기 초 국부마취제 '노보카인'을 개발한 독일 화학자의 예를 보면 이런 현상이 극명하게 드러난다. 당시 의사들은 전신마취제를 더 좋아했기 때문에 노보카인은 몇 해 동안 전혀 팔리지 않았다. 그런데 새로운 손님들이 나타났다. 바로 치과의사들이었다. 잇몸 일부만 마취하면 되는 그들에게 노보카인은 아주 매력적인 약품이었다. 노보카인 개발자는 새로운 고객이 나타났으니 만세를 불렀을까? 반대였다. 그는 자신의 개발의도와는 달리 치과용으로 사용해서는 안 된다고 설득하기 위해 독일 전역을

 경영자를 위한 변명

변화의 큰 물결, 브리태니커 실패에서 배운다

1980년대 중반께 브리태니터에 백과사전 소프트웨어 사업을 함께 해 보고 싶다는 제안을 들고 '작은' 회사 직원들이 찾아왔다. 당시 이미 200년이 넘는 역사를 자랑하는 백과사전 부문 세계 1위 회사인 브리태니커는 일언지하에 거절했다. 그때 무안을 당한 회사는 설립된 지 채 10년밖에 안 된 마이크로소프트였다.

브리태니커는 1768년 대백과사전이라는 블루오션을 개척한 회사다. 2천 달러나 하는 한 세트가 꾸준히 팔려나가는 쉬운 장사를 계속해 온 이 회사가 마이크로소프트 같은 작은 회사를 거들떠볼 이유가 없었던 것이다.

마이크로소프트는 더 작은 백과사전 회사와 협력해 엔카르타^{Encarta}라는 백과사전 소프트웨어를 만들었다. 새로운 경쟁자가 나타났지만 브리태니커는 별 신경을 쓰지 않았다.

문제는 1993년 즈음부터 발생했다. 마이크로소프트가 MS오피스에 '엔카르타'를 끼워 팔기 시작하면서 브리태니커 백과사전의 판매량이 곤두박질쳤다. 그러자 브리태니커는 CD롬을 만들었고, 가격은 1세트(3장)당 995달러로 매겼다. "이 정도로 비싸면 차라리 책으로 된 백과사전을 사겠지" 하는 것이 브리태니커 경영진의 '순진한' 기대였다. 1994년에는 온라인 버전까지 내놓았지만 CD도 온라인 버전도 팔리지 않았다.

경영학자들은 브리태니커를 변화 관리에 실패한 대표적 사례로 꼽는다. 결국 백과사전 시장은 혜성같이 나타난 온라인 백과사전 위키피디아라는 벤처가 차지했다.

돌아다녔다고 한다. 웃기는 일 아닌가.

사람들이 예상치 못한 성공을 받아들이지 못하는 이유는 바로 과거에 연연하는 관성 때문이다. 보통사람들은 이때까지 해오던 것이 '정상'이고 그것에서 벗어난 것이면 '실패'나 '곁가지'로 받아들이는 경향이 있다. 드러커의 말대로 예상하지 못한 성공을 거두거나 의외의 손님이 나타나는 것을 '새로운 고객군의 출현'으로 봐야 옳다. 찾아내고 개발하기도 힘든 고객들이 제 발로 걸어왔는데 이보다 좋은 기회가 있겠는가.

국내 모식품의 보리차 음료 성공사례를 보자. 당초 이 회사는 대중들이 보리차 음료를 사먹을 만한 것으로 받아들이는 데는 상당한 시간이 걸릴 줄 알았다. 실제로 초기 반응은 '썰렁'했다. 그런데 출시한 지 몇 달 만에 '이상한' 일이 벌어졌다. 홍콩 항공사와 고급 술집에서 주문을 해온 것이다. 홍콩 항공사는 한국인 승객들의 기내식 용으로, 유흥주점에서는 중국산 우롱차 대용으로, 보리차 음료의 새로운 가치를 발견한 것이다. 편의점에서도 대량주문이 들어왔는데 삼각김밥이 인기를 끌면서 함께 먹으려는 손님들이 급증한 탓이었다. 어느 하나 공략대상으로 삼은 고객군이 아니었다. 새로운 고객들의 소리에 귀를 기울이는 순간, 새로운 시장이 열렸다.

이런 기회를 놓치지 않기 위한 중요한 포인트가 있다. 잘되지 않는 분야의 보고를 받는 대신, 작은 규모라도 '새롭게 잘되고 있는 분야에 관한 사내정보를 체크하는 것이다. 하찮게 여기다 간 시장을 면밀히 살피고 있는 젊은 경쟁자에게 혁신기회가 돌아갈 것이다.

리스크에 도전하기란 결코 쉬운 일이 아니다. 주위에서 말리는 사람도 많을 것이고, 그럴 때마다 스스로 자신감도 잃을 것이다. 그러나 눈을 뻔히 뜨고도 기회를 놓치는 현실에서 우리는 작은 기회라도 있으면 도전할 수 있어야 한다. 회사에 그런 분위기를 만들어주고, 스스로 기회에 도전하는 모범을 보여야 하는 것이 바로 경영자다.

물론 떨릴 것이다. 인간이기 때문에 실패에 대한 두려움은 있게 마련이다. 그러나 과거에 해오던 방식 그대로 하면서 변화 빠른 시대에 성장을 계속할 수 있으리라는 생각 자체가 순진한 것이다. 도전적인 기업문화로 회사 전체의 분위기를 바꾸는 일은 오직 경영자만이 할 수 있다. 그러기 위해서는 스스로 리스크에 도전하는 모험을 보여야 한다.

멀리 보고, 발은 갑판을 굳게 딛고

미래는 오는 것인가, 만들어가는 것인가? 야망이 있는 비즈니스맨이라면 미래는 만들어가는 것이라고 답할 것이다. 공부를 해야 지식인이 될 수 있고, 부지런히 발품을 팔아야 인맥을 만들 수 있다. 미래는 현재의 종속변수다.

이른바 IMF 시절이라고 불리는 경제위기가 발생한 지 10여 년이 지났지만 최근 몇 년을 보면 그 사이 우리가 기울인 노력이 별 의미가 없는 것처럼만 느껴진다. 여전히 우리 기업의 경쟁력은 몇몇 글로벌기업을 제외하면 별로 개선된 것이 없고, 세계적인 금융위기의 바람이 불면 나라 전체가 출렁거린다. 감기는 나았지만 체질개선이 안 된 상태라고 할까. 직원들이 더 열심히 일하고 경영능력도 분명 좋아진 것 같은데 왜 여전히 우리 경제의 경쟁력는 나아지지 못하는 것일까.

이유는 많겠지만 이 가운데 하나로, 1990년대 말 경제위기 당시 불요불급하다며 연구개발 예산을 줄인 결과라고 보는 사람들이 적지 않다. 그때 투자를 하지 않았으니 막상 세월이 지나도 기다리던 미래가 오지 않는 것이다. 연구개발을 하지 않았으니 수요가 다시 일어날 때 팔 수 있는 새 물건이 적을 수밖에. 실제 외환위기 전까지 두 자릿수 증가를 보이던 국가 총연구개발비는 1998년엔 전년보다 7%가 줄었고 1999년에도 5.2% 늘어나는 데 그쳤다. 특히 민간의 경우가 더 심했는데, 1998년 민간부문 연구개발 투자는 전년 대비 11.2%가 축소됐고, 1999년에도 6.4% 증가하는 데 그쳤다. 그때 2년여 동안 미래를 잊고 살았기에 기회가 와도 눈뜨고 놓칠 수밖에 없었다. 21세기 들어 경제

회복기에 이익을 많이 쌓아놓지 못했으니 이후에도 기회를 잡지 못한 것이다.

기업들이 미래에 투자하지 못하는 이유는 리스크에 도전하기를 두려워하는 것과 같은 맥락이다. 올해, 이번 분기, 이달의 성과가 중요하고 몇 년 뒤의 일쯤은 상관없다는 단견 때문이다. 이런 추세는 특히 단기성과 중심의 미국식 경영이 글로벌 스탠더드라는 이름으로 우리 사회에 뿌리를 내리면서 하나의 트렌드처럼 돼버렸다. 미국 기업들조차 지나치게 단기성과 중심인 미국식 경영의 문제를 지적하는 것이 현실임을 감안하면 글로벌 스탠더드 자체가 다분히 허상인 것을 지적하는 사람이 적은 게 오히려 의아하다.

생각해 보라. 어떤 전문경영인들이 당장 올해 수익을 극대화하지 않고 미래를 위한 투자에 자신 있게 나설 것인가. 회사의 주인도 아닌데 자기 임기 다음에 수확할 과일나무를 심는 사장들이 얼마나 되겠는가. 결국 그 피해는 그다음 임기의 사장에게 돌아갈 수밖에 없는 것이다. 차기 사장에겐 암울한 미래가 기다리고 있을 뿐이다.

그러나 역사의식과 사명감이 있는 경영자라면 보통 경영자의 자질을 넘어서야 한다. 회사를 진정으로 사랑하는 경영자라면 내 임기 이후까지 영속할 수 있는 기업으로서 회사를 항상 떠올려야 한다. 이런 점에서 경영자는 군자君子를 지향해야 옳다. "남

들이 알아주지 않아도 화내지 않으니 과연 군자답지 않은가^{人不}
_{知而不慍, 不亦君子乎}"라고 스스로 만족할 수 있는 경지까지 올라야 한
다. 한없이 현실적으로, 즉 모든 비용까지 따져가며 물샐틈없는
경영을 하면서도 1년, 5년, 10년 뒤 미래까지 대비할 수 있어야
회사뿐 아니라 사회, 국가를 발전시킬 수 있는 진정한 경영자다.

지금은 세계 정상의 선진국이 돼 있는 독일의 기반을 다진 국
왕 빌헬름 3세의 사례를 보면 이는 더욱 명확해진다. 1806년 나
폴레옹이 쳐들어왔을 때, 빌헬름 3세가 이끌던 프로이센의 '검
은 군대'는 맥없이 무너지고 말았다. 막대한 액수의 전쟁 배상금
까지 물어줘야 했기에 아직 통일도 이루지 못한 독일은 유럽의
3류국가로 전락할 위기를 맞았다. 그러나 빌헬름 3세는 패전의
치욕을 당하고도 무력에 의한 복수를 포기하는 대신 미래를 만
들어갔다.

전국민교육을 의무화했고 1809년에는 베를린대학교를 세웠
다. 이 대학 설립을 위해 궁전을 포함한 자신의 모든 재산을 내
놓았다. 사람과 과학, 기술에 투자해 실력 있는 나라를 만들겠다
는 그의 비전은 곧바로는 아니었지만 새로운 미래를 만들었다.
60여 년이 지난 뒤 1871년 연방이 통일된 독일은 그간의 과학기
술과 인적자원 투자에 힘입어 경제발전에 박차를 가했다. 이후
40년이 채 못 돼 독일은 세계적인 강국으로 우뚝 섰다. 1910년
께 독일은 화학공업 생산량 세계 1위, 석탄과 철강 생산량 유럽

1위를 기록했고, 당시 독일의 국내총생산량은 유럽 모든 국가를 합한 것보다 많았다. 두 차례 세계대전에서 폐허가 됐던 독일이 지금까지도 세계 정상급 경제선진국으로 자리를 잡고 있는 바탕에는 미래를 새롭게 만들었던 지도자 빌헬름 3세의 공이 있는 것이다. 현실에서 눈을 돌려 먼 미래를 고민하는 리더들이 새로운 세계를 만들어간다. 그런 노력들이 쌓여 선진국이 되는 것이다.

물론 임기가 있는 경영자들이 오로지 미래만 생각할 수는 없는 일이다. 실제 그런 생각을 갖기도 어렵거니와 경기나 환율을 포함해 경영에는 불안요인이 너무나 많은 것도 현실이다. 그래서 경영자가 해야 하는 역할을 탐험시대의 선장에 비유하는 사람들이 많다. 망원경으로 멀리 보는 동시에 발은 배를 굳게 딛고 있어야 하기 때문이다. 미래를 보고 방향을 잡고 중요한 결정을 내리는 동시에 경영자는 하루하루 충실한 삶을 살아야 한다. 중요한 것은 그런 방법이 아니라 그렇게 살겠다는 마음자세다. 현실에만 충실하면 장기 성장을 도모할 수 없고, 먼 미래만 바라봐서는 몽상가란 소리를 듣기 쉽다. 단기적인 성장을 이루기 위해 그날그날 숫자도 보고 멀리 산 너머도 봐야 한다. 그러니 경영이 힘든 것이다.

목숨 걸고 글로벌 포부를

몇 년 전 국제포럼에서 외국인 두 사람을 만났다. 유망한 사업 아이디어를 갖고 있어 잘하면 수천억 원대 비즈니스도 가능할 것이라고 소개를 받은 터라 잔뜩 기대에 부푼 상태였다. 한 사람은 40대 프랑스 벤처기업가였다. 그러나 30여 분 인터뷰를 하면서 실망감이 커갔다. 이미 우리나라 커뮤니티 사이트에서 쉽게 볼 수 있는 서비스인 포인트, 마일리지 제도와 같은 아이디어를 새로운 것처럼 주장하고 있었다. .

두 번째 인터뷰를 한 인물은 60대 미국인이었다. 세계적인 연구기관의 시스템엔지니어라는 커리어를 갖고 있었지만 인상은 인터넷이나 디지털과는 거리가 있어 보였다. 대화도 별 기대 없이 이어질 수밖에 없었다. 아니나 다를까, 이 사람 역시 국내에서 이미 상용화된 비즈니스와 유사한 아이디어를 자랑 삼아 얘기했다. 전혀 사업 가능성이 없어 보였다.

다음 날 마침 문제의 두 사람과 같이 차를 마실 기회가 생겼을 때 솔직히 털어놨다. "미안하게도 당신네들 아이디어는 이미 한국에서 상용화된 지 오래입니다. 사업 가능성이 전혀 없어 보입니다."

그러나 그들의 반응은 전혀 뜻밖이었다. 그들은 서로 마주 보며 빙긋 웃더니 입을 모아 이렇게 말했다. "그건 한국에서만 상용화됐을 뿐이지요. 우리는 전 세계를 상대로 산업표준을 만드는 게 목표예요. 1, 2년도 안 걸릴 겁니다."

완전히 '졌다'는 생각이 들었다. 왜 판도라TV라는 동영상 사이트를 세계 최초로 만들어놓고도 세계시장을 유튜브에 내줄 수밖에 없었는지, 왜 이미 싸이월드, 아이러브스쿨, 네이버 등이 있는데도 세계 1위 자리는 후발의 미국업체들인 페이스북, 트위터, 위키피디아 등에 뺏길 수밖에 없었는지를 이해할 수 있었다. 글로벌 시대의 승부는 기술이나 자본이나 아이디어가 아니라 바로 포부와 시각에서 나는 것이다.

전문가 가운데는 선진국이 되려면 인구가 2억 명은 돼야 한다고 주장하는 사람들이 있다. 그 정도가 돼야 내수가 튼튼하고, 그를 기반으로 세계적인 경쟁력도 가질 수 있다는 설명이다. 그러나 글로벌 시대, 특히 인터넷으로 모든 것이 가능해진 이 시대에는 국경 내의 인구가 결정적인 요인이 되지는 못한다. 오히려 인구가 적은 나라라도 세계를 상대로 쉽게 비즈니스를 할 수 있게 된 만큼 기회는 늘어난 것이다. 문제는 이렇게 세계 속으로 기회가 열리고 있는데도 그 가능성을 볼 수 있는 시야가 여전히 부족하다는 사실이다.

세계로 향한 마인드는 사실 '위'에서부터 열려야 한다. 중국 후진타오 주석이 2003년 취임 직후 순방한 나라는 러시아, 카자흐스탄, 몽고 등이었다. 그다음 순방지는 타이, 오스트레일리아,

뉴질랜드였다. 공통점이 무엇인가. 바로 세계적인 자원대국들이다. 중국이 세계 자원시장에서 큰손이 된 것은 이렇게 글로벌에서 기회를 찾은 덕분이었다.

네덜란드가 17세기에 해상왕국이 됐을 때, 인구가 150만 명에 불과했다. 그러나 바다와 세계로 나가려는 마음이 컸다. 그리하여 세계 최초의 주식회사, 주식거래소, 은행을 만들게 됐고 강대국으로 우뚝 설 수 있었다.

경영자들이 앞장서 글로벌이 돼야 하는 이유는 우리 현실이 그런 시각과는 거리가 멀기 때문이다. 요즘 우리 사회를 보면 섬나라 같다는 느낌이 들 정도다. 관대함이란 덕목은 찾을 구석이 없다. 편 가르기가 횡행하고 '투쟁'도 한번 하면 회복할 수 없는 극한투쟁이다. 거기다 모두 '전문가'들이어서 얼치기와 진짜를 구별하기 어려울 정도다. 정치적 식견에 이르면 정치에 관심 없는 것조차 죄악시될 정도로 선택을 강요하는 논리도 세다.

이런 편 가르기 속에서 도대체 무엇이 옳은 일인지는 전문가도 모르고, 일반인도 모르고, 학생들도 알 도리가 없다. 몸도 생각도 모두 닫힌 공간에 갇혀 있기 때문에 생기는 일이다. 문제가 이렇다 보니 우리 사회의 돌파구는 어쩌면 단순한 곳에서 찾을 수 있지 않을까 싶다. 이 좁은 땅덩어리가 아니라 세계를 상대로 시각을 확장하면 해결의 실마리가 보이지 않을까.

실제 지구상에서 정상의 위치에 있는 나라들이 잡고 있는 방향은 모두 글로벌이다. 자국의 수요만으로, 자국의 자원만으로 불가능한 것을 잘 알기에 나라 밖에서 찾는 것이다. 세계의 부자 환자들을 끌어들이기 위해 나라 차원에서 경쟁을 벌이고 있는 싱가포르와 타이를 보라.

우리도 1990년대 초부터 세계화를 부르짖어왔다. 그러나 관광객으로서, 배낭여행족으로서 국민들의 경험이 조금 늘어난 것을 제외하고는 크게 달라진 게 없다. 실제 숫자가 이를 말해 준다. 한국무역협회 조사에 따르면 한국의 글로벌화에 대한 태도는 10점 만점에 7.04점으로 조사대상 51개국 중 31위에 그쳤다. 외국문화 수용 정도는 6.79점으로 42위에 불과했다.

그나마 글로벌화에 적극적인 기업들조차 여전히 우물 안 개구리다. 유엔무역개발회의UNCTAD에 따르면 한국 기업의 연구개발 글로벌화 수준은 2%에 불과해 북미(24%)나 일본(15%)에 비해 절대적으로 열악한 상황이다.

이렇게 사회 전체가 스스로 쌓아놓은 벽 속에 갇힌 형국이다 보니 세계를 향해 꿈을 키워야 할 젊은이들조차 글로벌한 비전을 갖는 경우가 드물다. 당당히 외국에서 다국적기업의 전문가 자리를 차지한 동년배들의 애기를 듣고도 '내 주제에 무슨……' 하는 자괴감에 빠지는 이가 더 많다.

눈만 한번 돌리면 무한한 잠재력의 시장이 있는 걸 생각하면 정말 안타까운 일이다. 반도는 섬과 대륙의 장점만 고루 갖고 있다. 대륙과 바다, 양쪽으로 뻗어갈 수 있다. 모두들 잘 알고 있는데 사회적 분위기 때문에 생각이 갇혀 있는 것뿐이다. 밖을 보는 순간, 정부에게도 기업에게도 개인에게도 새로운 지평이 열릴 것이다. 《로마인 이야기》를 쓴 시오노 나나미는 로마가 번성했던 비결의 하나로 '개방성'을 들고 있다. 이 개방성이 바로 글로벌 정신이다.

한 가지 예를 들면 1999년 창업돼 현재 세계 최고의 온라인 B2B(기업간 거래) 사이트인 알리바바닷컴에 등록된 한국 기업은 수천 개도 안 되는 수준이다. 전 세계 중소기업을 연결해 주는 이 사이트의 회원 기업수는 5천만 개가 넘는다. 바로 눈앞에 글로벌 시장이 펼쳐져 있는데도 글로벌 마인드가 부족해 그 기회를 놓치고 있는 것이다. 무역협회 코트라 등이 나서서 알리바바닷컴 내에 한국관을 만드는 등 노력을 기울이고 있지만 한국 중소기업들이 "알지도 못하고 관심도 없어서" 제대로 진척되지 않는다는 게 최근 소식이다.

한 회사의 글로벌화를 이끄는 것은 당연히 경영자다. 경영자가 늘 세계시장을 얘기하고, 세계의 트렌드에 관심을 보이고, 세계를 상대로 한 상품 개발을 독려해야 한다. 글로벌은 규모의 문제가 아니라 포부의 문제다. 경영자가 그 시각을 열어줘야 한다.

그러기 위해서는 경영자 스스로 '글로벌이다'라는 어젠다를 가져야 한다. 이왕 조찬모임이나 외부 모임에 참석할 것이면 외국 대사관이나 문화원 모임도 그 후보군에 넣어두어야 한다. 회사 회의 때나 행사 때 반드시 외국 사례를 언급하는 습관도 길러야 한다. 회사 홈페이지나 브로셔도 반드시 영문 버전을 같이 만들도록 경영자가 물꼬를 터줘야 한다. 특히 사업기회를 찾을 때는 글로벌이라는 화두를 끊임없이 강조할 필요가 있다.

당신만의 일의 철학을 만들라

"모두들 열심이에요. 잘될 겁니다." 기업 경영자들을 만나 직원들이 어떠냐고 물으면 몇 년 전까지만 해도 이렇게 답했다. 하지만 요즘은 완전히 달라졌다. 대부분 심각한 표정을 지으며 고개를 젓는다. "큰일이에요. 정신을 못 차리고 있어요."

터놓고 하는 얘기겠지만, 자기 자식 홍보는 부모처럼 느껴져 의아할 때가 적지 않다. 물론 변화에 둔감하고 나태한 직원들이 많을지도 모른다. 그러나 내가 보기엔 직원을 대하는 경영자들의 태도가 변한 것 같다. 단기실적주의 풍토가 번져가면서 조급증이 늘어가는 모양이다.

이런 경향은 특히 이제 막 사장 자리에 앉은 사람에게서 더 심하게 나타난다. 자신은 개혁 마인드를 갖고 있는데 '게으르고 무능한' 부하들이 그걸 받아들이지 못한다는 지적을 입에 달고 산다. 결론부터 말하면, 문제는 이런 사장들의 마인드에 있다.

새로 리더가 된 사람들 눈에는 다른 이들이 모두 그렇게 보일 가능성이 훨씬 높다. 대통령이든 장관이든 사장이든 리더가 된 사람은 자기 인생의 정점을 살고 있다. 산꼭대기에 올라 있는 것이다. 그 흥분도를 생각해 보라. 밥을 안 먹어도 배가 부르고 월급이 얼마든 상관하지 않는다. 휴일이나 휴가가 없어도 즐겁다.

그러나 직원이나 부하는 어떤가. 그들은 여전히 언덕 아래에 있다. 밥을 못 먹으면 배가 고프고 월급을 못 받으면 빚이 늘고 휴일이나 휴가가 없으면 가정에 심각한 문제가 생길 수도 있다. 리더가 내세우는 고상한 비전이나 역사의식을 생각할 수 없는 형편이 대부분이다. 리더와 '코드'를 맞추기가 사실상 어렵다는 얘기다.

이런 현실을 제대로 이해하지 못한다면 부하들의 충성과 헌신을 이끌어내기는커녕 '변화하지 않는 수구집단'이니 '철밥통'이라는 비난을 듣기 십상이고, '자기 새끼'들의 자신감만 꺾는 결과를 가져오기 쉽다. 이렇게 자신과는 감성상태가 다를 수밖에 없는 사람들도 자신과 같은 수준의 마인드를 가져야 한다고 믿는 것이 '초보 리더'들이 빠지기 쉬운 함정이다. 이 함정에 빠지면 리더는 새로운 것에만 집착하게 된다. 지금의 부하나 조직원들을 교육시켜 바꿔볼 생각은 하지 않는다. 최고의 자리에 오른

 경영자를 위한 변명

사장과 아직 높은 자리에 오를 날이 먼 직원들의 정신상태는 근본적으로 차이가 있다.

직원들의 마음가짐은 리더와는 본질적으로 다를 수밖에 없다. 지난 2000년에 나온 세계노사관계보고서(WIGN&허드슨연구소)에 따르면 전 세계 직장인들 가운데 '지금 다니고 있는 직장에 뼈를 묻겠다'고 대답한 사람은 42%에 불과했다. 31%가 '덫에 걸려 할 수 없이 일하고 있을 뿐'이라고 했고 27%는 '언제든 직장을 옮기겠다'고 답했다. 자신이 사장이 됐다고 모든 것을 바꿀 수 있다고 생각하는 것 자체가 심각한 착각이라는 얘기다. 그러니 충성할 준비가 돼 있는 나머지 42%를 잃지 않도록 조심하는 일이 급선무일 것이다.

9·11사건 당시 뉴욕시장으로 일했던 루돌프 줄리아니Rudolph Giuliani는 자서전에서 "위대한 사람들에게 둘러싸여 있으라"고 말했다. 자기 밑에 못난 사람들을 거느리느냐, 자신 주위에 위대한 사람들을 둘러 세우느냐는 리더의 마음가짐에 달렸다. 사람들은 잘한다고 칭찬해 주고 믿어줄 때 더욱 열심히 일한다. 교육심리학자들이 얘기하는 '피그말리온 효과pygmalion effect'가 바로 그것이다. '성적이 오를 것'이라는 칭찬을 받은 초등학생 집단의 IQ가 그렇지 않은 집단보다 훨씬 높아졌다는 실험 결과도 있다.

직원들의 마음을 잘 헤아려야 하는 이유는 명확하다. 예전과 달리 이제 직원들은 탈출구가 생겼다. 특히 경기가 나쁠 때는 언제 어떻게 밀려날지 모르기 때문에 조금만 건드려도 튀어나가는 경우가 불가피하게 생긴다.

2007년 국제종합사회조사에 따르면 한국 직장인이 갖고 있는 일의 흥미도는 100점 만점에 56.5점에 불과하다. 스위스(83.4점) 미국(77점)과는 비교하기도 부끄러운 수치다. 일에 대한 만족도 역시 62.6점밖에 안 된다. 스위스와 미국은 각각 78.6, 75점이다. 우리 직장인들에게 일은 여전히 생계유지를 위한 피치 못할 선택이라는 결론이 나올 수밖에 없다. 이런 상황이니 자기가 하는 일이 사회적으로 의미가 있든 없든 관심이 있을 리가 없다.

일을 즐거움이 아니라 고통으로 생각하는 한 생산성이 올라갈 도리가 없다. 우리 직장인들의 근무시간은 연간 2,316시간(2007년)으로 세계에서 가장 오래 일을 한다. 하지만 시간당 생산량은 20.4달러(2006년)로 미국의 41%, OECD(경제협력개발기구)의 75%에 불과한 세계 꼴찌 수준이다. 굳이 국제적으로 비교할 필요도 없다. 현장 경영자들은 "신세대 직장인들이 나타나면서 근로의욕은 더욱 떨어지고 기존 직장인들의 보신주의도 늘어 일하는 풍토를 만들기 어렵다"고 호소한다.

이런 상황에서 과연 무엇을 할 수 있을까 생각도 들지만 어찌 보면 방향은 뻔한 것 아닐까. 직원들을 미래 사장으로, 곧 사장 후보로 기르는 일 말이다. 그러기 위해서는 직원들이 스스로 미래 사장이라고 생각할 수 있도록, 스스로 결정을 내릴 수 있도록 환경을 조성해야 한다. 회사가 사장 후보들이 우글거리는 조직이라고 생각해 보라. 어떤 일을 하든지 힘이 실리고 성과도 높아질 것이다.

문제는 방법이다. 당장 맡은 일에 허덕이는 사람들에게 "미래 사장으로서의 자부심을 가져라"고 외쳐봐야 소용이 없다. 실제 '사장과 비슷한 수준의' 결정을 내릴 수 있도록 하는 방법을 고안해야 한다.

이런 시도는 많았다. 경영학의 아버지 피터 드러커는 사장과 비슷한 결정을 내릴 수 있도록 하는 가장 좋은 훈련으로 '품의稟議'를 들었다. 일본에서 개발한 품의제도에 따르면 사업계획을 세울 때 일정한 단계를 밟아 결재를 받는데, 관련 부서의 의견을 묻는 '참조'란이 중요하다. 관계된 상당수 사람들이 이 참조란에 의견을 붙임으로써 일정 정도 경영상의 결정을 내리는 것이다. 드러커는 이를 "중요한 결정에 계층별 리더들이 두루 참가함으로써 전사적 의견일치를 만들어내는 의미 있는 과정"이라고 평가했다.

미국 기업들은 일본식 경영이 세계적인 주목을 받을 때인 1980년대 상당수 회사들이 앞다퉈 이 품의제도를 도입했다. 결과는 실패였다. 중간에 한 사람이 결재를 미루면 의사결정 속도가 늦어지는 품의제도가 리더의 빠른 결정을 중시하는 미국의 기업문화에는 맞지 않았던 것이다. 미국은 대신 가능한 한 아래

직급 사람들이 의사결정을 내리도록 하는 권한 이양의 방법을 선호하게 됐다. 품의나 주니어보드(청년중역회의) 같은 제도가 일상사로 변해 의미를 잃었지만 그 정신은 여전히 유효하다.

사실 이 문제는 근본적인 것이다. 사람들의 생각이 바뀌지 않으면 어렵다. 일에 관한 한 세계 최고 수준의 근로의식을 자랑하는 일본의 경우도 사실은 그 역사가 그리 오래되지 않았다. 일본의 경우는 양명학 계열의 석문학파가 17세기에 '제업즉수행諸業則修行', 즉 '모든 일이 도 닦는 일'이라는 명제를 꾸준히 전파해 근로문화를 정착시켰다. 사무라이가 되는 것이나 농사짓는 것만이 일이라고 생각하던 시절에 어떤 하찮은 일도 도 닦는 데 도움이 된다는 이 생각은 혁신적인 어젠다였다. 1백 년 동안 대를 잇는 우동장사가 나타날 수 있는 것은 일에 대한 이런 생각이 자리잡은 덕이다.

모든 사람이 오로지 돈 때문에 직장을 다니지는 않는다. 더 높은 목표가 있는 사람이 많다. 일을 통해 자신의 잠재력을 인정받고 싶어하는 사람, 지금 하고 있는 업무로 경력을 쌓고 싶어하는 사람, 그리고 회사일을 통해 삶의 의미를 찾고 싶어하는 사람이 그들이다. 그런 사람들을 단지 성과가 적다는 이유로 몰아붙이다간 그들의 마음을 잃을지도 모른다. 구조조정기는 인재 재편의 시기다. 공자의 가르침대로 '가까운 사람을 잃지 않도록不失其親' 조심할 때다. CEO인 당신만이 가질 수 있는 일의 철학이 지금 절실히 필요하다.

리더는 가도 리더십은 남는다

광화문 거리에 큰 가마솥을 내걸고 죽을 쑤어서 도성 안 백성들을 먹였다. 경회루 동쪽에는 초가집을 지어 그곳에서 기거했다.

이 얘기의 주인공은 역대 최고의 왕으로 꼽히는 세종대왕이다. 그는 22세에 즉위한 뒤부터 7년 내리 흉년이 계속되자 백성과 고통을 함께 나누기로 결단을 내렸다. 임금이 초가집에서 지내자 대신들이 당황해 초가집 마당에 꿇어앉아 입궐할 것을 호소했다. 왕비인 소헌왕후도 눈물로 말렸지만 임금의 고집을 꺾을 수 없었다.(신봉승 지음,《성공한 왕, 실패한 왕》참조)

신문이나 방송이 없던 시절이니 이 뉴스가 국민들에게 곧바로 전달되진 못했을 것이다. 그러나 나중에라도 이 소식을 전해 들은 사람들의 마음은 따뜻해졌을 게 분명하다. '가난 구제는 나라도 못한다'고 했지만 세종대왕은 이렇게 하여 국민의 마음을 얻을 수 있었다. 충효와 안빈낙도安貧樂道의 가치가 중시되던 옛날 얘기라고 치부하고 말 것인가. 그러나 이건 리더십이다. 진심 어린 동참을 이끌어낼 수 있는 고차원의 경영행위라는 얘기다.

현대 경영에서 리더십은 나날이 중요해지고 있다. 세상이 바뀐 까닭에 더는 직위나 권위, 또는 돈으로 아랫사람을 움직일 수 없어져서다. 예전엔 상사들이 정보를 독과점했다. 조직개편 윤곽을 아는 것만으로도 아랫사람들을 장악할 수 있었다. 하지만 인트라넷이 구축된 요즘은 불가능한 일이다.

나라 경영에서도 마찬가지다. '높은 자리'라고 해서 지레 얼어붙는 사람은 이제 없다. 대통령이든 장관이든 국회의원이든 '인터넷 도마'에 오르면 난도질을 피할 길이 없다. 남을 감화시킬 만한 인덕이 없다면, 곁에만 있어도 감염될 정도의 열정이 부족하면, 사람들의 마음을 붙잡을 수 없다. 조직의 장長들은 그래서 억지로라도 리더십을 기르기 위해 노력해야 한다.

동서양을 막론하고 그 가치를 인정하는 가장 기본적인 리더십 덕목은 바로 솔선수범이다. 세종의 예처럼 몸으로 보여줘야 사람들은 믿고 따른다. 서구에서도 '모범을 보이는 리더십의 경제학Economics of leading by example'이란 제목의 논문이 적지 않다. 그러나 형식적이 아니라 실제로 남들을 감동시키는 모범을 보이기는 쉽지 않다. 진정성이 없으면 오히려 역효과만 초래할 뿐이며, 상당한 고통도 따른다.

세종의 경우도 그의 부왕인 태종이 닦아놓은 기반 위에서 총명한 머리로 여러 가지 업적을 남긴 왕으로만 기억하는 사람들이 많다. 그러나 세종의 삶은 고단했다. 재위기간의 3분의 1에 해당하는 10년 동안을 상주로 지내야 했다. 또한 12살 난 딸(정소공주)을 잃는 아픔도 겪었고 도저히 용납할 수 없는 잘못을 저지른 맏며느리를 둘이나 폐출시켜야 했다.

건강도 말이 아니었다. 각기병에 당뇨병까지 겹쳐 훈민정음을 반포할 때쯤에는 바로 앞 사람을 알아보지 못할 정도였다고 한다. 이런 어려움을 내색하지 않은 채 충심으로 자신이 나서서 모범을 보였기 때문에 사람들이 따랐던 것이다.

외국 사례를 보자. 1697년 8월 네덜란드의 작은 도시 잔담에 조선기술을 배우려는 러시아 군인들이 찾아왔다. 이들은 수개월 동안 이곳에 머물며 목재를 다듬어 군함을 만들고 조종하는 법을 배웠다. 군인들 가운데는 표트르라는 젊은 하사관이 있었다. 키가 2미터가 넘는 거구였지만 손재주가 뛰어났다. 교관들은 그를 우수 공원으로 뽑아 표창까지 했다. 이 젊은 하사관이 나중에 '러시아의 아버지'라고 불리게 된 표트르 1세다.

표트르는 서유럽을 배우기 위해 250명의 사절단을 이끌고 1년 반 동안 스웨덴, 오스트리아, 프로이센, 영국 등지를 돌았다. 네덜란드에서는 조선술과 도시건설을 배웠고, 영국에서는 건축을 공부했다. 그저 둘러보는 것이 아니라 자신의 신분을 숨기고 직접 몸으로 익혀 자격증을 땄다. 영국에서는 러시아 황제의 신분을 공개하고 아이작 뉴턴과 과학에 관한 이야기를 나누기도 했다. 15세기 이후 세계적 강대국으로 떠오른 9개 나라를 다룬 중국의 역사 다큐멘터리 〈대국굴기_{大國堀起}〉는 러시아를 2편으로 나눠 소개했다. 이 프로그램은 표트르대제에 관해 많은 시간을 할애하며 이렇게 평가하고 있다. "전 세계 역사에서 표트르 1세처럼 한 대국의 군주가 멀고 먼 국외로 나가 선진 과학문화 지식을 흡수해 온 적이 없었다."

표트르 1세가 등극했을 때 이미 러시아는 유럽과 아시아에 걸쳐 세계 최대의 영토를 가진 대제국이었다. 그러나 땅덩어리만 클 뿐 당시 서유럽 국가들에 비해 모든 분야에서 크게 떨어져 있었다. 공장이라고 해야 수공업 공장 수십 개가 고작이었고, 상업은 낙후돼 있었으며, 그나마도 외국인들이 차지하고 있었다. 이런 현실을 타개하기 위해 표트르는 서유럽을 배우기로 결심했던 것이다.

결국 리더십을 통해 이루려는 것은 구성원의 진심 어린 실천이요, 이것은 리더가 앞장설 때만이 이루어질 수 있다. 강대국의 성공비결을 다룬 〈대국굴기〉는 강대국으로 우뚝 선 나라들의 비결로 단결력, 문화적 깊이, 새로운 체제로의 빠른 전환 등을 들면서, 이들 조건에 가장 중요한 변수로 리더의 지도력과 비전을 들었다. 리더가 제대로 역할을 못하면 아무리 단결력이 뛰어나고 사상적으로 깊이가 있고 혁신적인 국민들이라도 결국 작은 일에 관심을 갖는 데 그친다는 지적이다.

 경영자를 위한 변명

이슬람 세력이 지배하고 있던 그라나다를 정복하기 전까지는 절대 군복을 벗지 않겠다며 전장에서 군복을 입은 채 잠을 잤던 스페인의 여왕 이사벨 1세, "우리가 가장 두려워해야 할 것은 공포 그 자체"라며 라디오로 국민과 대화를 나누었던 대공황 극복의 대통령, 미국의 루스벨트. 이들은 맨 앞에 서 있던 리더였다.

우리 사회가 지금 겪고 있는 것은 어쩌면 리더십 위기인지도 모른다. 파업현장에 나타나 눈물로 호소하는 경영자가 없고, 경제위기가 날로 심각해져도 '책임을 통감한다'며 고개 숙이는 공직자를 만나기도 어렵다. 수십 년 된 슬리퍼를 버렸다며 여비서를 나무랐다는 이동찬 코오롱 명예회장, 남산에서 '꽁초 줍는 할배'로 더 유명했던 정수창 전 두산 회장, 인수한 회사 사장실에 야전침대를 갖다 놓고 새우잠을 잤던 김우중 전 대우 회장 등은 '옛날이야기'의 주인공일 뿐이다.

"패션은 가도 스타일은 남는다." 조금은 멋을 부린 코코 샤넬 Coco Chanel의 이 말을 빗대 리더십을 정의하면 이렇다. "리더는 가도 리더십은 남는다." 잘나가는 기업의 성공비결이 리더 한 사람에 있는 것인지, 아니면 리더십에 있는 것인지를 점검하는 간단한 방법이 있다. 현재의 리더가 떠나도 계속 성장한다면 리더십이 있는 조직이요, 그 사람이 떠나자마자 비틀거리면 리더가 있었을 뿐 리더십이 없는 조직이라고 할 수 있다. 조직이 지속가능한 성장을 하기 위해서는 리더십이 기업문화로 뿌리를 내려야 한다는 얘기다.

리더가 되는 것은 리더십을 기업문화로 만드는 것에 비하면 쉽다. 솔선수범하고 희생정신을 발휘하는 것으로써 부하들의 존경을 받을 수 있다. 그러나 리더십을 기업문화로 만들기 위해서는 반드시 아래로부터의 변화를 일으켜야 한다. 말단사원들까지도 '사장의 마음으로' 일하는 풍토를 만들어야 한다.

아주 특별한 방법이 있는 게 아니다. 직원 한 사람 한 사람이 스스로 미래 리더라고 생각할 수 있는 분위기를 만들면 된다. '분수를 지켜라'고 강제하면 말단직원은 직장인 신세를 벗어나지 못한다.

현실은 어떤가. 직원들 사이에서 리더가 '공공의 적'이 되는 경우가 너무나 많다. 상사 욕을 하면 안주가 필요없다는 것이 오히려 하나의 기업문화이기도 하다. 그런 조직에는 가끔 리더가 나올지는 몰라도 리더십이 뿌리내릴 가능성은 희박하다. 혹 그런 회사가 있다면 경구로 삼을 만한 문장을 도산공원에 있는 '도산의 말씀'에서 찾았다.

우리 중에 인물이 없는 것은, 인물이 되려고 마음먹고 힘쓰는 사람이 없는 까닭이다. 인물이 없다고 한탄하는 그 사람 자신이 왜 인물이 될 공부를 아니 하는가.

리더가 되려고 마음먹는 사람을 길러내는 것, 그것이 진정한
리더십이다.

당신이 꿈꾸는 회사

몇 년 전 직장인 커뮤니티를 운영할 때다. 어느 날부터인가 젊
은 회원들이 줄어들기 시작했다. 주로 30대 초반이 빠져나갔는
데, 그 인원이 적지 않아 걱정됐다. 총무가 그 이유를 잘라 말했
다. "'젊을 때 10억 만들기' 같은 재테크 카페로 몰려갔대요."

허탈했다. 직장에서 일 잘하고 후배를 이끌며 리더를 지향하
자는 '순수한' 모임은 '돈' 앞에 그렇게 위축돼 갔다. 젊은 그들
이 생각하는 성공이란 도대체 무엇인가.

우리 사회에서 사장, 특히 대기업 CEO는 성공의 상징이다.
돈도 벌었고 명예도 있어서다. 모임에서 만난 중견기업 사장에
게 물었다.

"성공하니 뭐가 좋던가?"

"경조사비 조금 많이 내고, 친구들과 만날 때 밥값 걱정 안 하
고, 읽고 싶은 책 눈치 안 보고 사는 것, 이 정도면 성공 아닌
가."

소탈했다. 젊은 사람들이 꿈꾸는 화려한 CEO의 삶과는 거리

가 있었다. 존경스럽기도 했지만, 그 정도라면 굳이 그 고생을 하며 회사를 운영해야 할까 하는 의구심도 들었다. 입신출세에 대한 거품이 꺼지면서 성공은 이제 '경제적 안정'과 동의어가 됐다.

한국 CEO들은 평균 50대 중반의 남성이다. 자식들이 다 크고, 아내도 남성화되면서 회사 외에선 별 필요성이 없어진 사람이다. 그래서 그들은 대부분 회사에 승부를 건다. 그들의 성공관이 사회와 나라를 좌우하게 됐다. 한국 사장들이 경제적 안정만 목표로 해서는 사회도 나라도 희망이 없다는 얘기다.

사장들이 목표로 삼아야 할 것은 회사 차원의 '큰 성공'이어야 옳다. 매슬로의 욕구단계설로 기업을 분석한 칩 콘리는《매슬로에게 경영을 묻다》에서 기업에도 3단계가 있다고 주장했다. 가장 낮은 단계 회사의 목표는 생존이다. 그다음 단계는 성공이 목표요, 최고의 단계는 사회를 변혁시키는 것이 목표인 회사다. 상품으로든 서비스로든 사회의 발전에 기여해야만 CEO는 진정으로 성공하는 것이다.

19세기 미국의 시인 에머슨^{R.W. Emerson}의 시는 이제 개인적 성공을 넘어 사회를 바꾸는 역할을 해야 할 경영자들에게 좋은 화두를 준다.

건강한 아이를 낳든

사회를 더 이롭게 하는 데 보탬이 될 구체적인 예를 보자. 경영연구가 짐 콜린스는 세계적인 베스트셀러 《좋은 기업을 넘어 위대한 기업으로》를 통해 새로운 기업 모델을 제시했다. 콜린스는 특정 시점을 기준으로 이전 15년 동안 시장평균 이하의 누적 수익률을 보이다가 이후 15년 동안 시장평균 3배 이상의 성과를 보인 회사들을 위대한great 기업으로 정의했다.

그에 따르면, 위대한 기업의 공통적인 특징은 바로 규율discipline 을 지킨다는 것이다. 규율을 잘 아는 사람들이 모여 그 규율대로 사고하고 행동하는 회사가 뛰어난 성과를 올리고 있었다. 중요한 것은 위대한 기업은 상식과는 달리 한 사람의 획기적인 결정이나 시장을 단숨에 장악하는 혁신 또는 대단한 행운 등과는 거리가 멀다는 점이다.

고개를 끄덕이게 하는 주장이긴 하지만 과연 위대한 기업을 지향할 수 있는 회사가 얼마나 될지는 의문이다. 하루아침에 기술이 바뀌고 날이 갈수록 고객들의 입맛이 까다로워지며 세계의 모든 상품을 소비자 스스로 찾아서 살 수 있는 이 역동적인 시대에 과연 위대한 기업 모델이 통할 수 있을까. 게다가 고객들은 이제 합리적인 판단보다는 감성으로 물건을 고르고, 직접 참여하기까지 원한다. 감성과 참여의 코드를 가장 잘 잡은 모델이 바로 '사랑받는 기업Firms of Endearment'이다.

사람들로부터 사랑받는 기업을 만들면 초우량기업이 될 수 있다는 이 주장은 미국 벤트리칼리지의 라젠드라 시소디아Rajendra Sisodia 교수 등이 주장했다. 시소디아 교수는 아무리 기술이 바뀌고 사람들의 기호가 변해도 많은 수의 사람들이 '너무나 사랑하는 회사'라면 영원히 남을 것이라는 상식적인 판단 아래 연구를 진행했다. 프로젝트팀은 2년여에 걸친 심층 인터뷰를 통해 '사랑받는 기업' 리스트를 만들었다. 아마존닷컴, BMW, 구글 이베이, 할리데이비슨, 혼다, IKEA, 존슨&존슨, 사우스웨스트항공, 스타벅스, 도요타, UPS 등 28개 기업이 선정됐다. 놀라운 사실은 이들 '사랑받는 기업' 리스트에 오른 업체들이 '위대한 기업'들보다 시장성과가 훨씬 좋았다는 점이다.

사랑받는 기업이란 정말 상식적인 개념이다. 연구원들은 인터뷰를 할 때 "그 회사가 사라지면 당신 인생에 큰 문제가 생길 정도로 당신이 사랑하는 회사는 어떤 업체인가?"를 물었다. 이미 많은 사람들이 사랑하는 회사를 갖고 있었다. 어떤 이는 "할리 데이비슨이 망해 더 이상 그 회사 모터사이클을 탈 수 없다면 차라리 왼팔이 없는 게 낫겠다"고 말할 정도였다.

어떻게 하면 사랑받는 기업이 될 수 있을까. 연구 결과, 'SPICE', 즉 사회society, 파트너partner, 주주investor, 고객customer 그리고 종업원employee 집단에 고루 잘하는 기업이 사랑받는 기업이 될 수 있다는 것이다.

SPICE의 중요성은 경영자들이 잘 알고 있다. 고객들에겐 이미지가 좋지만 협력업체들에게는 '저주'의 말을 듣는 회사가 얼마나 많은가. 최근 방한 강연에서 '사랑받는 기업'을 소개한 마케팅의 대가 노스웨스턴대학교의 필립 코틀러Philip Kotler 교수는 "주주나 고객만이 아니라 이해당사자 모두를 만족시키는 방향으로 기업활동의 초점을 맞추면 지속 가능한 성장을 이룰 수 있다"고 강조했다.

어떤 회사를 만들 것인가의 화두에서 빠뜨릴 수 없는 것이 바로 '일하기에 훌륭한 일터Great Place to work for'다. 미국의 '훌륭한 일터' 운동은 30여 년 전에 시작됐다. 당시 미국은 절망감에 빠졌다. 품질 좋고 값도 싼 일본제품이 밀려오자 휘청거리기 시작했다. 재정과 무역의 쌍둥이 적자가 경제의 발목을 잡고 있는 와

파트너에겐 무조건 잘하라

경영의 세계에도 인격적 수준이 있다. 소인배는 강한 자에게 약하고 약한 자에게 강하다. 군자는 강한 자에게 강하고 약한 자에게 약하다. 기업 경영자로 볼 때는 갑甲에게 강하고 을乙에게 약해야 군자요, 멋진 경영자다. 분명 쉽지 않다. 그러나 방법이 있다. 강한 자에게 강하기 위해선 품질이나 납기 등에서 흠을 잡히지 말아야 한다. 불법적인 거래와는 절대 타협하지 말아야 한다. 많은 노력이 필요하고 때로는 자존심도 있어야 한다. 예전에는 이게 어려웠다. 초우량기업들이 전 세계를 상대로 부품을 조달sourcing하는 글로벌 시장이 펼쳐지면서 사정이 나아졌다.

사실 더 어려운 것은 을에게 잘해 주기다. 이게 훨씬 쉬워 보이지만 실천하는 사람들이 적다. 상대방인 을이 숙이고 들어오기 때문에 괜히 우쭐하는 기분이 되고, 이게 버릇이 되면 고치기 어려워지는 것이다. 그러나 약한 자를 배려하고, 을과 동반 성장하려는 습관을 들여야 한다. 전 직원이 무의식 중에도 자연스럽게 이런 행동을 할 수 있도록 훈련해야 한다. 이왕이면 미국의 홀푸드Whole Foods가 했듯이 〈상호의존 선언문〉 같은 것을 만들어 명문화해 놓는 게 좋다.

왜 파트너가 이다지 중요할까. 바로 이들이 '빅마우스big mouth'이기 때문이다. 더구나 파트너와는 원래 신뢰로 맺어진 사이이기 때문에 이들이 시장에 전하는 말이 바로 해당 기업의 신뢰지수가 된다. 은행들도 특정 업체의 신인도를 점검하기 위해 협력업체를 방문하기도 한다.

아무리 마케팅을 잘해도, 아무리 홍보를 잘해도, 그 기업을 가장 잘 아는 파트너들이 내뱉은 한마디에 모든 것이 무너지는 경우가 많다. 파트너의 마음을 잡는 멋진 경영자가 될 것인가, 파트너를 쥐어짜는 3류기업이 될 것인가?

중에서였다. 공장 철망과 기계는 물론 미국인들의 자신감에도 녹이 슬었다. 1980년대 초의 일이다.

노동 전문기자로 일하던 로버트 레버링^{Robert Levering}은 이 어려운 시기에도 놀라운 성과를 이어가고 있는 회사들이 적지 않다는 사실에 주목했다. 이 회사들의 공통적인 성공요인을 찾아내면 미국 기업 전체를 다시 일으켜세울 수 있다고 믿고 발품을 팔았다. 그렇게 해서 《일하기에 훌륭한 미국 100대 기업^{The 100 Best Companies to Work for in America}》이란 책을 펴낼 수 있었다. 나중에 경제전문지 《포춘》지가 주도한 '훌륭한 일터 운동'은 이렇게 시작됐다. 레버링이 발견한 훌륭한 일터의 공통점은 세 가지다. 신뢰, 자부심 그리고 재미. 상하간에 서로 믿고, 자기 일을 자랑스럽게 여기며, 동료와 함께 일하는 것이 너무 재미있는 기업들은 어려운 시절에도 놀라운 성과를 내고 있었다.

훌륭한 일터 운동은 일본의 품질혁명에 대응한 '6시그마 운동'과 함께 세계 제일 경제국 미국을 만든 바탕이 됐다. 그런데 2007년 순위에서 '포춘 100대 기업'에 1등으로 오른 기업이 바로 구글이다. 창립 이래 100위 안에 한 번도 오르지 못하던 구글이 단번에 1등으로 오르면서 구글은 시장에서뿐 아니라 내부고객과 구직자들에게도 최고의 회사로 자리를 굳혔다.(2008년 1등, 2009년 4등)

그런데 구글을 훌륭한 일터로 만든 결정적인 비결은 일과는 아무런 상관도 없는, 바로 '밥'에 있었다. 점심은 외부 견학자들에게도 무제한 제공되고 스낵코너는 24시간 개방이다. 얼마 전 방한했던 에릭 슈미트Eric Schmidt 구글 회장이 "구글에선 음식은 물론이고 세탁, 마사지, 치과치료까지 모든 것이 공짜"라고 말해 눈길을 끌었고, 최근엔 현지 견학을 다녀온 네티즌이 '밥' 위주의 사진을 담아 올린 기행문이 인터넷에 떠돌며 화제가 되고 있다.

돈에 여유가 생겨서 음식을 공짜로 주게 된 것이 아니다. 구글은 창립 초기인 1998년에 이미 전담 요리사를 뽑았다. 뭘 먹을까 고민하며 밖으로 나가 시간을 낭비하는 직원들을 위한 배려였다. 현재의 본사인 실리콘밸리 마운틴뷰로 이사할 때쯤 구글은 직원들에게 '환상적인 음식'을 무료로 제공하는 업체로 더 유명해졌다. 훌륭한 일터의 세 가지 조건에 '밥'이 추가되는 순간이었다. 이런 말이 결코 과장이 아닌 것은 직원들의 90%가 구글이 좋은 이유로 '음식'을 들고 있다는 설문조사 결과가 말해 준다.

물론 노벨경제학상 수상자 폴 새뮤얼슨Paul Samuelson 말대로 '공짜 점심free lunch'이란 없을지 모른다. 공짜 점심을 먹을 자격을 갖기 위해서는 치열한 입사·승진 경쟁을 치러야 할 것이다. 또 사내에서 모든 것이 해결될 때 회사는 시장이나 고객 중심이 아니라, 공급자 중심으로 바뀔 우려도 있다.

분명한 것은 이런 우려에도 불구하고 구글의 ‘밥’이 이미 세계적인 관심사가 되고 있다는 점이다. ‘밥’ 하나로 올리는 홍보효과는 돈으로 환산될 수 없을 정도다. 훌륭한 일터의 21세기 버전은 구글의 ‘밥’ 때문에 인간 냄새를 훨씬 많이 풍기게 됐다.

사랑받는 기업, 훌륭한 일터 위에 경영자들이 이상적으로 삼아야 할 새로운 덕목은 바로 ‘신뢰’다. 지난 1997년 경제위기 직전까지 우리 기업들이 매달린 목표는 ‘외형’이었다. 좋게 말해 시장 영향력 확대지만 실상은 대출과 당좌를 늘리기 위해 덩치를 키우자는 것이었다. 알짜 중소기업보다는 껍데기뿐이라도 대기업이 사업하기에 훨씬 좋았다. 외환위기 이후 정부는 기업 구조조정의 목표를 정반대 방향인 ‘수익성’으로 잡았다. 부채를 줄이고 부실사업을 내다 팔아 알짜기업을 만들자는 것이었다. 산업의 왜소화와 국부 유출을 우려하는 소리가 적지 않았지만 위기극복이란 명분에 묻혔다.

지금의 산업계는 어떤가. 딱히 내세울 만한 방향성이 없다. 외형이 전부가 아니라고는 하지만 일정한 매출이 발생하지 않으면 은행거래가 당장 힘들어진다. 대기업이 수익성에만 집중하면 미래를 내다보는 투자는 위축된다. 실제로 중소기업들은 대출이 안 돼 발을 동동 구르는 반면 대기업들은 넘쳐나는 돈을 쓸 곳이 없어 고민이다.

외형이나 수익성보다는 그 상위개념으로 기업들이 지표로 삼을 그 무엇인가가 필요한 시점이다. 미국 회계부정사건 등 21세기 들어 일어나고 있는 변화에서 실마리를 찾자면 그것은 '신뢰'다. 기업은 특히 신뢰를 쌓아야 할 곳이 한두 가지가 아니라는 데 문제의 심각성이 있다. 간추려만 봐도 소비자, 협력업체, 종업원 등 세 부문을 들 수 있다. 대對소비자 신뢰의 경우 제조물책임PL, Product Liability법을 들 수 있다. 제품의 하자는 이제 과실이나 고의가 아니라도 제조업체의 책임이다. 피해자 몇 명과 합의해서 해결될 일이 아니다. 소비자들은 똑똑해졌고 집단화됐다. 집단화됐기 때문에 힘을 갖고 있다.

존슨&존슨 사는 지난 1982년 정신병자가 타이레놀 캡슐에 독극물을 넣어 8명이 사망한 사건이 일어나자 1억 달러에 이르는 손해를 보면서까지 시판된 타이레놀을 전량 회수, 폐기했다.

1억 달러 이상의 신뢰를 얻었음은 물론이다. 협력업체와의 관계도 새로 정립해야 한다. 공급가만 싼 업체를 선호하다간 낭패를 보기 십상이다. 지난 2000년 미국에서 대규모 리콜사태를 빚었던 타이어업체 파이어스톤 사건에서 심각한 피해를 입은 회사 중 하나가 바로 포드다. 자사의 자동차 '익스플로러'에 파이어스톤의 타이어가 장착돼 있었기 때문이다.

회사의 믿음성은 종업원들이 시장에 전달한다. 관리자와 부하직원, 사원들 간에 신뢰가 없는 회사에선 사고가 일어날 가능성이 높다. '일하기 좋은 포천 100'에 오른 기업들의 공통적인 특징은 사내 신뢰가 경영자산으로 뿌리내리고 있다는 점이다. 신뢰경영은 이제 선택이 아니라 기업의 운명을 좌우하는 필수과목이다. 해야 할 일이 많지만 출발은 간단하다. 소비자를 우습게 보는 게 아니라 무섭게 보는 자세면 충분하다.

그래도 힘들 때는 다시 초심으로

인사는 대상자 시절이 편하다. 기대만 하면 된다. 굳이 자기가 대상이 아니어도 구경하는 재미가 있다. 하지만 인사권자가 되면 인사철만큼 고통스러운 시기도 없다. 요즘처럼 '저승사자' 노릇을 해야 하는 시절의 경영자는 특히 고통스럽다. "그동안 수고했어요"라는 말을 꺼내기도 어렵거니와 "왜 접니까?"라는 반발에 딱히 대응할 논리도 없다.

사실 더 힘든 것은 따로 있다. 청탁이다. 추천 또는 천거라는 이름으로 묘하게 포장되는 취업민원은 엄청난 스트레스다. 사람을 줄여야 하는 판국에 자리를 달라는 부탁은 도저히 거부하기 어려운 곳에서 더 자주 들어온다. 들어주자니 회삿돈이 들고, 안 들어주자니 회사에 짐이 될 것 같다. "그런 복잡한 문제를 잘 조율하라고 임원이 있는 것"이라는 사장 얘기를 어떻게 해석해야 할지 종잡을 수가 없다. 때로는 윤리적 딜레마라고도 느껴지는 힘든 결정의 순간, 이럴 때 정말 필요한 것이 바로 초심이다.

초심이란 무엇인가. 사춘기가 끝나고 어른이 되면서 인생의 목표를 찾았을 때, 시골에서 청운의 꿈을 품고 상경해 처음 기차에서 내렸을 때, 평생을 같이할 반려자를 만났을 때, 이곳저곳에서 돈을 끌어모아 첫 사업을 시작했을 때……. 그같은 순간에 가슴을 벅차오르게 하던 그 순수한 마음이 초심이다.

초심 찾기는 별로 어려운 일이 아니다. 평생 잊을 수 없는 날, 그날 당신이 느꼈던 그 묘한 기분을 다시 떠올리면 금방 초심으로 돌아갈 수 있다. 첫출근 날을 기억해 보라. 익숙하지 않은 양복에 너무 반짝이던 구두, 그리고 어색한 넥타이. 혹시나 늦을까 1시간도 더 일찍 도착해 회사 앞에서 서성거리던 기억들……. 그 기억을 되살리면 지금도 가슴이 뛰어야 정상이다.

그러나 초심은 잊고 살기 쉽다. 교육받는 태도를 보면 초심의 중요성이 실감난다. 신입사원들은 군기가 바짝 들어 교육을 잘 받는다. 이런 분위기가 대리, 과장급으로 가면 느슨해지고 차·부장급으로 올라가면 거의 '예비군 훈련'이 된다. 그러나 임원급 교육에선 다시 신입사원 같은 엄정함을 만날 수 있다. 무슨 얘기인가. 한결같은 초심을 갖고 있는 사람들이 성공한다는 얘기다.

직장인으로서의 초심은 특히 꿈, 비전과 연관돼 있다. 그것은 나라경제를 살리는 거창한 것이어도 좋고, 이 회사에서 사장까

좋은 기억을 떠올려 자신감을 높여라

컨설턴트에 비해 코치는 하는 일이 적어야 한다. 코치가 지도받는 사람과 대화를 나눌 때 그 비율이 2대8 정도가 돼야 이상적이다.

유능한 코치의 덕목은 모든 것을 가르쳐주는 것이 아니라 직원 스스로가 알아서 할 수 있도록 도와주는 것이다. 대신 코치가 해야 할 일이 있다. 바로 적확한 질문을 던지는 일이다. 그 질문 하나가 많은 것을 생각하게 하고 실제 일하는 데도 도움이 될 만큼 효과적이어야 한다.

경영환경이 좋지 않아 직원들이 의기소침해 있을 때 유능한 코치는 이런 질문을 한다. "당신이 가장 대단한 것을 이뤄냈을 때는 언제였나?" 질문의 요지는 인생 경험 가운데 가장 가슴 벅찼던 기억을 떠올리라는 것이다. 1등을 했을 때도 좋고, 마라톤을 완주했을 때도 괜찮고, 오랜 연애 끝에 결혼 승낙을 받아냈을 때도 좋다. "아, 내가 이런 것을 해내다니!" 하고 스스로 대견해했을 정도로 좋은 기억을 생각해내야 한다.

좋은 기억은 삶의 활력소다. 그러나 이 질문을 던지는 진짜 이유는 '실제적인' 효과도 있기 때문이다. 그런 놀라운 성과를 거뒀을 때는 자기 자신이 여러 가지 면에서 지금보다 훨씬 더 '커 보인다'는 점이 중요하다. 위축될 때는 몸도 마음도 줄어드는 느낌이지만 반대로 자신이 대단한 성과를 거뒀을 때는 마치 바람을 불어 넣으면 풍선이 커지듯이 스스로가 지금보다 훨씬 강해지고 커진다는 것이다. 그런 좋았던 순간을 떠올리고 자주 그때의 심경으로 돌아갈 수 있다면, 지금 닥친 어려움이 하찮아지고 무슨 일이든 할 수 있을 것 같은 자신감이 실제로 자라난다.

지 오르겠다는 세속적인 것이어도 좋다. 그런 초심은 생각하고 고민해서 갖게 되는 것이 아니라 가슴으로 느낀 그 무엇이기 때문에 아주 오래 자신의 행동에 영향을 끼치는 것이다. 구조조정 시기의 임원들은 한없이 어려운 현안 앞에서 수많은 결정을 내려야 한다. 힘든 결정의 순간이 올 때면 출근 첫날의 초심을 떠올려보라. 그 가슴속에 당신만의 답이 있을 것이다.

당신의 초심은 더욱 불타야 한다. 그 불타는 초심을 위하여 뮤지컬 〈맨 오브 라만차^{Man of La Mancha}〉에서 돈키호테가 부르는 노래 '불가능한 꿈^{The Impossible Dream}'을 소개한다.

이룩할 수 없는 꿈을 꾸고 To dream the impossible dream

이길 수 없는 적과 싸우며 To fight the unbeatable foe

이길 수 없는 슬픔을 견디고 To bear with unbearable sorrow

용감한 자들도 겁내는 곳으로 달려가며

To run where the brave dare not go

옳을 수 없는 잘못도 옳다 하며 To right the unrightable wrong

불가능해 보여도 순수한 것을 사랑하고

To love pure and chaste from afar

내 두 팔이 비록 연약하지만 To try when your arms are too weary

잡을 수 없는 저 하늘의 별을 향해 뻗으리라

To reach the unreachable star

이것이 나의 모험This is my quest

저 별을 잡으려는 모험To follow that star

희망이 없다고 해도No matter how hopeless

너무 멀다고 해도No matter how far

정의를 위해 싸우리라To fight for the right

의심하지도 쉬지도 않고Without question or pause

지옥 끝까지라도 가리라To be willing to march into Hell

그것이 하늘의 뜻이라면For a heavenly cause

내가 알고 있노니And I know if I'll only be true

이 영광스런 모험에서 승리하면To this glorious quest

내 마음은 평화롭게That my heart will lie peaceful and calm

긴 안식을 얻으리니When I'm laid to my rest

더 나은 세상을 만들기 위해And the world will be better for this

나 욕먹고 상처 입어도That one man, scorned and covered with scars

마지막 한 방울의 용기로Still strove with his last ounce of courage

저 하늘의 별을 잡으리라To reach the unreachable star

당신의 경영으로 세상을 바꿔라

멋진 사람이 있다. 분명 이 험한 시대에도 멋진 사람은 있다. 당신에게 그는 어떤 모습인가. 멋진 사람은 생각하는 것부터 다르고 그것을 말로 행동으로 표현할 때 티가 난다.

평소에 어떤 말을 하는가. 자기를 중심으로 자기 자신이나 가족 얘기만 하면 멋지다고 보기 어렵다. 회사, 사회, 나라, 더 나아가 지구와 인류를 얘기하는 사람은 제법 멋진 사람이다. 과거나 현재를 얘기하는 사람보다 내일, 내년, 그리고 가까운 미래, 더 나아가 아주 먼 미래를 얘기하는 사람이 멋진 사람이다. 그러니까 이 기준으로 본다면 가장 멋진 사람은 인류의 미래를 얘기하는 사람이다.

우리나라의 30년 뒤를, 우리 사회의 100년 뒤를 남들이 얘기하지 않는다고 욕하지 마라. 누군가 자기의 과거 얘기만 한다고 좀스럽다고 지적하지 마라. 내가 지금 멋진 사람을 얘기하는 것은 남들을 판단하는 기준으로서가 아니라 나 스스로, 또는 당신 스스로 멋진 사람이 되고 싶어할 때 그 목표를 말하는 것이다.

사실은 내가 여기서 말하는 멋진 사람이란 바로 동양철학에서 군자를 뜻하는 것이다. 원래 군자란 선비들이 수양할 때 스스로 되고 싶어하고 닮고 싶어하는 이상형을 말하는 것이었다. 그래서 남을 두고 "저 사람은 군자다" 또는 "저 사람은 소인배다"라고 표현하는 일은 거의 없다. 공자나 맹자가 말하는 군자와 소인배 구분은 스스로 목표로 정한 이상형과 절대 그러지 말아야 할 것의 경계로서 든 예일 뿐이다. 이것이 남을 재단하는 기준으로 잘못 적용되면서 조선시대 당파싸움에서 '군자 소인 논쟁'이 있었을 뿐이다. 동양의 윤리학이란 남에게 가르치기 위한 것이라기보다는 스스로 수양하기 위해 익히는 학문이었던 것이다.

멋진 사람도 바로 그런 것이다. 경영자인 당신은 더욱 멋있어야 한다. 그러기 위해서는 이왕이면 미래를 생각하고 얘기해야 한다. 공간적으로도 나나 가족이나 우리 회사를 넘어 우리나라와 인류를 언급하는 버릇을 들여야 한다. 그 과정에서 작은 것에 얽매이지 않도록 노력하고 과거의 성공에서 벗어날 수 있도록 스스로 경계해야 한다. 그런 점에서 보면 어쩌면 기업이나 조직 경영 역시도 스스로의 인격과 인생의 의미를 완성해 가는 수양이라고 할 수 있을 것이다.

　이 짧은 책에서 세상의 변화와 잘하는 경영의 예, 그리고 이 시대에 필요한 경영방법론을 언급했지만, 사실 그것 못지않게 중요한 것은 경영자인 당신의 자기경영이요, 인생경영이라고 할 수 있다. 기업의 수준을 얘기하면서 가장 낮은 단계가 '생존'이요, 그다음이 '성공'이라고 했다. 우리가 지금의 성공 수준에서 만족하면 그다음 단계인 사회변혁이라는 수준으로 올라설 수 없다. 성공은 여러 가지 경영방법론을 동원해 이뤄낼 수 있다. 하지만 사회를 변혁시키는 것은 방법의 문제가 아니라 경영자 또는 리더의 마음가짐의 문제다. 경영자들이 기업을 하면서 쌓은 자산과 지적자본 그리고 노하우를 갖고 사회를 한 단계 발전시키겠다는 마음을 먹지 않는 한 사회는 치열한 경쟁 속에서 지쳐가고 말 것이다.

　그런 점에서 나는 이 책을 통해 빨리 생존 및 성공 단계를 완수하고 자신의 꿈과 비전으로 사회를 변혁시키겠다는 다짐을 하는 경영자들이 늘어나길 진심으로 바란다.

　사회를 변혁시키라고 해서 기업의 이윤을 사회에 환원하라는 얘기는 절대로 아니다. 기업의 목적을 얘기하면서 사회에 대한 공헌, 사회환원이라고 생각하는 사람들이 많은 것은 그동안 우리 기업들이 압축성장을 거듭하면서 부정부패, 정경유착 등 오명汚名을 많이 쌓은 까닭이다. 거기다 기업을 절대 고운 눈으로 보지 않는 정치인들이나 경제성장에 대한 개념이 없이 모든 것이 공평하기만 하면 문제가 없을 것으로 보는 일반인들의 잘못된 시각도 보태진 탓이다.

기업이 인류에 공헌하는 것은 마쓰시타 고노스케가 길가의 수돗물을 마시면서 깨친 것과 마찬가지로 물자나 서비스로 세상을 풍요롭게 하는 일이다. 자동차, 항공기, 은행, 상점 등 비즈니스가 생기면서 얼마나 세상이 살기 좋아졌는지를 생각해 보라. 기업 경영자들은 끊임없이 고민하고 혁신해 사람에게 필요한데 세상에 아직 없는 산업과 서비스를 만들어내야 하는 것이다. 그 결과로 사회에 공헌하고 인류를 풍요롭게 하는 것이 기업이다. 물론 열심히 돈을 벌어 생존기반을 닦고, 자기 회사의 상품이나 서비스가 계속적으로 만들어질 수 있도록 성공하고 나서야 가능한 일이다.

식품회사로 시작해 생존한 뒤 성공한 기업은 어떻게 하면 무공해식품을 만들어 인류의 생명을 연장할 것인가를 고민해 세상을 바꾸려고 노력해야 한다. 자동차 회사도 마찬가지다. 글로벌 경쟁에서 생존해 세계 톱10으로 성공하는 것이 우선 목표요, 그것을 완수한 다음에야 세상을 변화시킬 과제에 착수하는 것이다. 그것은 사람들이 절대 다치지 않는 자동차와 교통 시스템을 만들어내는 것일 수도 있고, 누구라도 싼값에 살 수 있는 무공해

자동차를 만들어내는 것일 수도 있다.

해당 업종에서뿐 아니라 국내에서, 그리고 세계에서 손꼽히는 성공한 회사를 만들어내는 것은 경영자인 당신에게 주어진 임무다. 그리고 그것을 기반으로 세상을 바꾸는 것은 이제 의미意味의 시대인 21세기를 사는, 그리고 리더로서 성공경험을 쌓은 당신이 인류와 역사를 위해 해야 하는 소명이다. 그리고 그런 소명을 가질 수 있는 스스로를 자랑스러워해야 한다.

삶은 유한하지만 당신이 만들어낸 상품과 서비스, 그리고 혁신의 흔적은 더 오래 남을 것이다. 특히나 그것이 후대들에게 큰 도움이 될 수 있는 것이면 당신은 역사적으로도 의미 있는 일을 하는 것이고 그런 것들을 통해서 당신의 인생이 갖는 의미는 더욱 고귀해질 것이다.

그러니 이제까지 당신이 옳다고 생각해 온 그것을 믿고 굳세게 전진하라! 꿈이 있고 그 꿈이 크다면, 지금의 상황이 불만이라면, 내일이 오늘보다 나아질 것이란 믿음이 있다면, 인간다운 양심과 멋을 소중히 하겠다는 생각을 가진 당신은 우리 시대의 경영자다. 특히 당신의 경영을 통해 세상을 조금이라도 바꾸고 그래서 더 많은 사람들을 행복하게 만들기 위해 노력한다면 당신은 위대한 경영자가 될 수 있다. 남들이 알아주면 좋지만 혹여 몰라준다 한들 또 어떤가.